选最适合的职业 | 成就最好的自己

——顺应天性选工作，做自己的职业规划师

(美)尼古拉斯·洛尔(NICHOLAS LORE) ◎著

徐 扬 徐蕾莹 ◎译

"我天生适合做什么？"
在这本书中，你将会了解到

"我的天赋能力是？"

诊断能力　　分析能力　　空间感
有形感　　　非空间感　　抽象能力
具体能力　　思想流量　　人际理解力
内在理解力　直觉　　　　感觉
视觉敏锐　　联想记忆　　数字记忆
图像记忆　　数学能力　　语言能力
音乐和艺术能力　　　　　肢体协调能力

"我是常人还是大师？"

"我的性格指标是？"

E外向 I内向 N直觉 S知觉 F感性 T理性 P灵活 J确定

ENFP　INFP　ENFJ　INFJ　vvENTP　　INTP　ENTJ　INTJ

ESFP　ISFP　ESFJ　ISFJ　ESTP　ISTP　ESTJ　ISTJ

"我的天生角色是？"

孩子	母亲	父亲	战士	英雄	喜剧演员
领导者	王子/公主	金钱先生	外向的人	群体工作者	
市场商人	关系人	艺人	内向者	政治家	交易人
隐士	寻找者	反叛者	自然爱好者	自由主义者	
冒险家	出卖者	罪犯	暴徒	经理	建筑师
运动员	识路人	保护者	导师	可信赖的人	
治疗者	照顾者	手艺人	享乐主义者	爱动物的人	
科学家	调查者	创业者	革新者	感官主义者	
批评家	科技怪人	终生学习者		顾问	业余爱好者
魅力人物	浪漫者	艺术家	幻想家	倡导者	和事佬

"我适合的工作职能？"

以人为核心的职能，以一对一的关系为主。

以人为核心的职能，对象是群体、组织和公众。

以信息为核心的职能，对象多为观点、数据、媒介、知识或艺术。

以事物为核心的职能，对象多为物体、工具、人体或物质世界。

目 录 Contents

第一部分 如何选择完美的职业　1

第一单元　英雄的历程　3

选择理想职业的首要原则就是要把注意力放在你自己身上，找到你的自然强项，你才能找到真正适合你的工作。

第1章　这是一次冒险 / 5
第2章　现实101 / 10
第3章　如何使用这本书 / 18
第4章　这要多久？ / 20
第5章　一份适合你的职业 / 24

第二单元　启动你的职业规划　29

我们往往更关注与我们脑海里不断冒出的想法，而不是我们真正做出的承诺。

第6章 如何得到你想要的 / 31
第7章 制定一个目标（第1步）/ 35
第8章 承诺实现你的目标（第2步）/ 44
第9章 计划（第3步）/ 48

第10章 行动：设计你的职业（第4步） /51

第11章 坚持，解决问题，调整 /65

第12章 完成你的计划，开始庆祝 /67

第三单元 问题与障碍 69

勇敢不是一种感觉，一种情绪，而是按照你的决心坚持做下去。

第13章 为什么人们得不到他们想要的东西 /71

第14章 解决问题101 /77

第二部分 职业规划工具箱 87

第四单元 天赋 89

人类的基因为我们每个人都发了一手与众不同的牌，牌上注明的正是我们天生的能力与脾气，每人手中的牌不同，决定了我们只能轻松扮演某些角色，而不是全部。

第15章 职业规划工具箱使用指南 /91

第16章 你的天生才能 /92

第17章 性格特征 /104

第18章 我的核心性格 /124

第19章 天生角色 /127

第20章 工作职能 /142

第五单元 为什么工作？ 155

永远不要低估热爱和激情对于一份职业的重要性。

第21章 目标 / 157

第22章 主题 / 163

第23章 回报和价值 / 178

第24章 意义和使命 / 187

第六单元　工作环境　191

好的环境是你的私人游乐场，坏的环境将是人间地狱。

第25章 你要在哪里工作？ / 193

第七单元　最后的决定　201

祝贺你！记住，最后一步就是庆祝！

第26章 可供考虑和研究的职业 / 203

第27章 做出你的选择 / 206

第三部分　职业搜索引擎　213

第八单元　辅助工具　215

有用！

第28章 洛克普特性格类型和才能指标 / 217

第29章 职业道路——大方向 / 234

第30章 主要的资质分类 / 243

资源和联系方式 / 277

法律声明 / 277

第一部分

如何选择完美的职业

Now
非你莫属
顺应天性找工作
what?

第一单元

➡ 英雄的历程

你正在翻开的这本书，将是你所需要的最后一本职业规划指南。

对于你的未来，你仔细思考过吗？也许你已经有了一些主意，也许你至今还一头雾水。没关系，不论是哪一种情况，这本书都是为你准备的。

这本书就是要告诉你，如何为自己选择一份完美的工作，一份能够让你对新一天充满期望的工作，一份能够发挥你的特长、让你乐在其中、又能得到相应酬劳的工作。

这是一本帮助你找到理想工作的实用指南。它针对的就是那些年龄在17岁到30岁之间，初次为自己的职业生涯方向规划的读者。你可能还是一个学生，也可能已经开始工作，却对未来一片迷茫。不管怎样，这本指南都将指引你，帮你开启理想职业的大门。

第1章　这是一次冒险

> 注意，乌龟只有在伸出脑袋时才能前进。
>
> ——詹姆斯·布莱恩特·科南特
> （James Bryant Conant，美国哈佛大学前任校长）

人生最伟大的冒险，不是登上珠穆朗玛峰，也不是闯进亚马逊雨林，而是让你的人生变得完美。

这冒险之所以神奇，是因为它贯穿你的一生。如果你的人生是篇小说，它将让你的这篇小说充满快乐和精彩，把你真正变成小说的主人公。

工作绝对是你人生小说中的重头戏。既然你花在工作上的时间要比你花在其他事情上的时间要多得多，那为什么不把你的工作变成这场人生大冒险的一部分呢？遗憾的是，对于绝大多数人来说，工作可以是任何事情，但却不可能是有趣的、快乐的、充实的、有价值的。

之所以找不到乐趣，是因为你没有找到自己满意的职业。要把你的工作变成真正的职业，而不是一种妥协。

为什么要冒险

成功

当你找到适合的工作，成功将不期而至。怎样才算成功呢？金钱和荣誉也许可以丈量成功，但它们绝不是唯一的尺度。

告诉你一个小秘密，一个被很多人忽视了的小秘密：如果每天早上你不能高高兴兴地从床上跳起来，开始一天的工作，那不论你的工作能给你带来多少金钱和荣誉，你都不会感到满足。

这是我的亲眼所见。我有很多客户，地产经纪人、医生、律师、好莱坞的电影制片商和各行各业的 CEO 等等，他们的薪金达到了 6 位甚至 7 位数。但是他们会告诉你：不，他们不满意现在的生活。记住，不管你能挣多少钱，获得多少荣誉，如果你依然对生活感到痛苦，或者无法全身心地投入到工作中，那你就不能算是成功。

换个角度来说，如果挣很多钱对你非常重要，那你就更应该选择一份能够发挥你的才干，同时又能让你获得较高收入的职业，这样才能更接近你的人生目标。

只有做你擅长的事情，才能让你更具竞争力。只有享受你所做的事情，才能把激情和兴趣带到工作中，让你物有所值。

享受

一份适合的职业，让你乐在其中。可惜当我们年轻时，我们对职业的选择总是会受到各种各样的干扰。看看那些年过三十的上班族每天走向办公室的表情吧，看看有多少人脸上写着无奈、厌倦、愤怒、疲惫或忧伤。他们中有多少人是在享受工作呢？那些对自己的工作充满热情的人，他们的目光总是炯炯有神，他们的脸上总是洋溢着快乐和满足。

个人魅力

说到炯炯有神的目光，我还要告诉你，满足感和成就感的确能够让你变得更加吸引人。人们喜欢和那些充满活力、快乐的人在一起，不管他们是否天生丽质。

良好的人际关系

健康的人选择那些能让他们自我感觉良好的人做朋友。他们喜欢那些能让他们提起精神的人，能给他们带来快乐的人。换个角度想一下，如果某个人每天下班回到家都是一副疲惫和郁闷的表情，和他或她住在一起的人会是什么感觉？

自我表达

我们天生就有一种渴望向世界表达自我的本能。当我们能够自如地表达自我时,我们觉得自己为世界做出了贡献。如果无法表达自我,便会若有所失。这个星球上所有的生物都会自然地表达自我,除了人类。人类是唯一聪明到能够说服自己选择一项错误职业干一辈子的生物。

高自尊

自尊是你对自己的评价。自尊从来不会原地徘徊。不是上升,就是下滑。导致它上下波动的根本原因就是你每天的遭遇。

当你在生活中取得进步时,当你获得胜利时,当你对自己的表现感到满意时,你的自尊心就会增强。当你的生活总是处于不断挣扎、失败之中,当你的自信心被腐蚀,当你觉得自己和你周围世界没有联系时,你的自尊心会随之下滑。

工作会极大地影响你的自尊心。那些选择跳槽的人,经常挂在嘴边的一个理由就是以前的工作损害了他们的自尊心。

健康和活力

很多科学研究显示,选择错误的职业甚至会损害你的健康。当人们处于高度压力的工作中时,他们患上感冒的可能性是平时的两倍多,他们的免疫系统无法帮助他们抵抗疾病的侵袭,这其中也包括了一些致命的疾病,比如癌症。

新的发现还表明,工作中的大量压力会让人衰老得更快,死得更早。相反,那些能够在工作中充分发挥自身才干的人,反而能够活得更久、更健康。他们的生活更有活力,身体机能也会更好。

这是一次冒险,而不仅仅是阅读一本书籍

本书的主人公就是你。当你打开这本书时,你就开启了寻找理想职业的冒险之旅。你不知道结果如何,只知道你将经历的一切并不平坦。好在,当你走进那片未知的森林时,你并非孑然一身。

作为本书的作者，25 年来我从未离开过职业选择这一行，可以说是了如指掌。最重要的是，我知道漏洞在什么地方。

我能为你勾勒出走出森林的地图。有了地图在手，你还必须迈开双脚，付出行动，才能赢得胜利。

你现在拿在手里的，就是那份宝贵的地图。这可是我专门为你设计的。

对于希望得到一份理想职业的人来说，这本书几乎囊括了他所需要的一切。总的来说，这是一本相当完整的指南。它会一步一步引导着你，走向目的地。你不需要一口气把它全部读完。先看看前面几章，然后再决定该如何使用它。

调查 1-1　　　　你想要什么?

我们就来看看，你想要的到底是什么？这里问的是你真正想要的，而不是你觉得你可以做到的。

____我喜欢去工作，早上起床对我而言不存在任何困难，因为我的工作既有趣，又具挑战性。

____我的工作能够自然表达我的个性和才能。

____对我而言，成功很容易，因为我非常擅长我所做的事情。

____我对自己的工作感到自豪，我很高兴把自己的工作情况告诉他人。

____我在工作中受人尊敬，因为我是内行。

____工作总是很快乐，因为很多时候工作更像是在玩。

____在工作中，我不需要伪装自己，因为我的工作很适合我的性格。

____我能发挥我的长处，能自然地表达我的创造力，并因此得到相应的酬劳。

____我的工作环境能让我发挥出最佳状态。

____我的工作符合我的价值观，能实现我对于个人成长的目标，满足我对于收入、稳定性以及其他方面的要求。

____我个人对我做的事情很感兴趣。

____我的努力有所成效，这对我个人很重要。我觉得我做了一些重要的事情。

　　____工作并非我生活的全部。我有足够的时间与朋友、家人相处，享受工作之外的乐趣。

　　____我喜欢和我一起工作的人。

　　____我的工作团队战无不胜，我们在一起工作非常愉快。

　　____一天的工作让我感觉能量充沛，而不是筋疲力尽。

第 2 章　现实 101

不要以为你脑袋里想的每件事情都可信。

——俗语

我们每个人都有自己对现实的理解，这些理解很可能源于一些并不可信的渠道：电视、电影、朋友们的见解以及我们自身的思考。如果你想做出更好的选择，你必须有更好的渠道。在你开始朝着理想职业迈出第一步之前，你需要清楚地了解你周围的情况，你将会面对什么样的困难。不要已经走了一半，才发现走错了。

工作在你生活中的位置

在你的一生中，你用于工作的时间将超过其他任何事，包括睡觉。普通美国人平均每天要工作 9 小时，还要花一个半小时在上下班的交通上。这就已经超过 10 小时了。如果再算上一小时梳妆打扮（比如洗个澡，从洗衣机里掏出还要穿的衣服，擦擦鞋子等等），那就有 11 小时了。

这样的生活可以说是日复一日。如果你决定成为一名医生、律师或者企业高管，你可能每天还需要额外投入两小时在工作上。

我举出这些数据的前提是你热衷于你的工作。如果你的工作不适合你，你每天只能收获一身疲惫的话，那你恐怕要把一天剩下的所有时间都花在如何从烦心的工作中解脱出来了。

除去上面列出的 11 小时外，你的一天还剩下 13 小时。除去 8 小时睡眠，你就只剩 5 小时了。再减去购物、理发、给汽车加油、打扫房间、给狗狗洗澡、接听电话以及其他不得不做的生活琐事，你每天真正留给自己的时间，能有一两小时就不错了。当然，如果你还想要小孩的话，那就彻底忘记属于自己的时间吧。

好吧，但愿现实的冰水能把你浇醒：工作将占据你一生大部分的时间。如果你讨厌你的工作，那可太糟糕了。如果你喜欢你的工作，你将其乐无穷。

就像下面这段话所描述的：

> 懂得生活艺术的大师不会区别工作和娱乐、劳动和快乐、教育和休闲、爱和宗教。他不知道这些事情有什么差别。他只是在追求自己的至高目标。至于他到底是在工作，还是在玩，就让别人去决定吧。对于他自己而言，他总是同时在做这两件事情。
> ——苏珊·福勒·伍俊（Susan Fowler Woodring，美国当代作家、演讲家）

现实是什么样的

在受过良好教育的人中，大概只有30%的人对自己的工作谈得上喜欢。人们对工作的满意程度到底会对他们的生活、信心、健康、还有人际关系产生多大的影响呢？看看这份工作满意度调查吧。（见下页）

选择职业的常用方法根本没用！

如果70%的人都对自己的工作不感兴趣，我们就要质疑一下，传统的、标准的职业选择方式是否有效？

标准的方法是这样的：

在你高中的最后一年，你的父母和老师开始对你说："该想想自己以后要做什么了。"而你，这时候还是一个毫无工作经验的孩子。你可能会想到一些职业，也可能什么也想不出来。大部分人对自己的未来还一无所知。他们缺乏进行职业选择的直接经验和知识。

他们所能想到的职业，往往是那些他们感觉比较酷的职业。你也许不知道，很多律师之所以成为律师，不过是因为小时候看了某部电影或电视剧，当他们选择成为律师时，他们可能根本不懂什么是法律。难怪有那么多律师会厌恶自己的工作！

职业满意度比例

0-10分	人口比例	基本描述	对个人生活的影响	对工作的贡献
10	10%	工作如同充满激情的游戏。总是迫不及待地投入到工作中,把工作看作是自我的充分表达,充满趣味和快乐。困难被看作积极的挑战。个人成长和自尊心在很大程度上与工作相关。工作和生活的其他活动没有太大区别。有目标,希望自己与众不同,能够把所有才能都发挥出来。工作很适合自己性格。工作中总是表现得很热心、很敏捷。	自我实现和生活方式,对自己非常慷慨,也非常愿意帮助他人。热爱生活,对生活的方方面面都充满兴趣。追求自己的爱好、好玩乐。具备良好的道德修养。自尊心很少出现问题。对疾病的抵抗力很强,可以非常长寿。	工作是对个人目标的清楚表达。工作非常主动,不需要任何监管。非常值得信任。会坚持下去直到实现目标。总是愿意贡献,而且非常恰当。把修改错误视为进步机会。只要他在,就能带动周围其他的工作人员。
8	20%	积极工作。在多数时候可以享受工作。满意度取决于工作环境。工作的乐趣来自挑战。感到自己很有用。通常对自己的工作有明确目标。工作符合自己的需求,能够增强自尊。能在工作、才干和个性中找到平衡。非常能干,受到他人的尊重。会说"很好,我喜欢我的工作"。	对工作的满意也会影响到生活的其他方面。在人际关系、家庭事务和其他活动中通常也很成功。非常积极的自我评价。工作有益于增长寿命,抵抗疾病。在多数时间里能够享受生活。	通常能对同事和所工作的机构常来积极的贡献。是个效率很高的工作者,也很灵活。不会完全地主动,需要一点点监管。能够很好地处理责任。制定决策的依据通常是需求而不是个人目标。

012

续表

0－10分	人口比例	基本描述	对个人生活的影响	对工作的贡献
6	30%	中立。对工作表示接受，不会有太多挣扎。在按部就班的机构中，可以成为一名有价值的员工。这种雇员适合在政府部门或者稳定的大机构工作。有些人可能说他们喜欢自己的工作，其他人会有些抱怨。不过他们之所以抱怨很可能是因为这是一种大家已经习以为常的沟通方式。	生活对周围没有什么积极影响，不过通常也不会有什么负面影响。工作之外的人际关系和其他生活方面很一般，接触面很狭窄。	在重复性的工作中可能取得有效的结果。机械性的付出。缺乏领导潜能，缺乏主动性和创造力。反对改变，思维判断趋于保守。纸上谈兵，选择雇员的依据是堂皇的简历，而不是能力。在自己无法控制的岗位上会产生破坏性的效果。
4	30%	消极态度。被环境所迫不得不去工作。主观上对工作的大部分内容都不满意。每天的工作都度日如年，在挣扎、痛苦、仇恨、放弃中度过。相比工作而言，生活的其他方面更令人满意。在工作中或者生活的其他方面全力以赴，或者根本不具备完成工作的才能。个性、价值观和周围环境抱怨，但是因为担心丢饭碗，也可能会积极尝试改进，或者承担一些责任。	尽管生活的其他方面可能很好，但来自工作上的疲惫情绪还是会影响到人际关系、个人健康和寿命。可能需要花不少的额外时间从工作的疲劳中恢复过来。自信心的一些失落也会导致在其他方面的无力感。	对工作环境没有贡献。即便没有主动把自己的不满表现出来，也会让其他同事有所察觉。负面作用远大于正面作用。工作效率不高，因为心里总是向着其他地方。行动是因为需要，而不是主动的选择。需要领导和监管才能产生优质的工作结果。

续表

0-10分	人口比例	基本描述	对个人生活的影响	对工作的贡献
2	10%	工作如同地狱。 工作是在不断地挣扎,每天要下定决心才能去工作。 有强烈的仇恨感,备受煎熬。 个性、才能或价值观和工作要求有巨大冲突。 和2-4分的人有同样的表现,只不过感觉更强烈。 每天的工作都是对自信心的摧残,对生活的其他方面产生强大的负面影响。	因为工作太费心力,心理状态长期处于自我挣扎中。 没有能力帮助他人,也很难保持健康的人际关系。 对工作环境表现出明显的敌意和厌恶感。寿命可能因此减少几年。 免疫系统受到影响。	对工作环境来说是非常危险、非常具有破坏性的。 对自己负责,对别人负责,对整个工作都负责(或者被动接受)领导监管。 拒绝工作的价值。 无法集中精力在工作上。 个人目标总是与工作目标背道而驰。 把他人的失败看作是复仇。 完全无法信任。 总是希望别人为自己服务。 需要被一直关注。

关于大学的真相

进入大学以后，你会发现你同样面临着选择的难题。你要为自己选择一个专业，但是你对一切知之甚少。你只能硬着头皮读下去。

在大学毕业典礼上，真正的贺辞应该这样说：

"祝贺！你们大多数人刚刚花了4年时间，学了一些你们永远也不会用或者即便用起来，也会咬牙切齿的东西。祝你们愉快！"

有很多接受过高等教育的成年人，他们的工作和大学里的专业毫无关系。另一些人虽然从事了与自身专业相关的工作，却一点都不喜欢。不论是哪一种情况，大学对于这些人来说都是在浪费时间、浪费金钱、浪费精力。

我可以非常负责任地说，一份满意的工作能够让你的天生才能每天都发挥出来。记住，是每天！我说的"天生才能"，是个人才干、能力、智慧的综合。每个人生来就会比别人更擅长于某些事情，这就是他们的天生才能，也叫"天赋"。

到目前为止，你对你的天赋有多少了解？恐怕比你想象得还少。你能想到的自己擅长的事情，有的来自别人对你的评价，有的来自自我评价，还有的来自于生长环境的影响或以往经验的体会。这些都可能是模糊、片面、不准确的。

有一个测试，可以帮助你发现自己与生俱有的才能，还可以教会你如何运用这些才能，有效地组织它们，帮你找到最适合的职业。可惜的是，这样的测试很难在大学里找到。

基本上，大学并不在乎你是否具有天生的才能，或你是否从事与专业对口的职业。他们会让一只鸭子去学钢琴。

父　母

父母爱你，他们希望你过得最好，但是他们并非专业的职业辅导师。明智的父母会支持你找到最适合你的选择。当然，父母也会有他们的私心。他们可能更希望你成为著名的脑外科医生，而不是一位专门制作老鼠标本的标本师，因为前者会让他们人前骄傲。

听爸爸、妈妈的话——有的话可能很有用——但终有一天,你要学会自己走路。

成长的一部分内容就是学会区分你自己和你父母的声音。

你自己

你应该相信你自己吗?答案既肯定又否定。如果你对自己缺乏了解,错误的想法反而会影响判断。

我有一个朋友有足够的天赋成为医生,她的性格也非常适合当医生,她从小的愿望也是当医生。但后来,她读了一本书。书的作者克里斯蒂安·巴纳德医生,是世界上第一位成功完成心脏移植手术的医生。她看到巴纳德医生在书里描述自己是如何从流浪狗收养所把狗狗领回家,然后在自己的车库里给这些可怜的狗狗进行心脏移植手术。这样的描述让她十分难受,于是她彻底放弃了从医的打算。

这样做有道理吗?恐怕不见得。巴纳德医生的自传和成为一名真正的医生之间并没有什么实际联系。我们总是在根据个人的感受进行判断,进而做出错误的假设和决定,因为我们对事实根本知之甚少。

但话又说回来,只有你才能决定自己的未来。你首先要承认你并不知道如何能过上自己喜欢的生活。承认事实能让你轻松,让你摒弃不切实际的梦想。然后,你可以开始学习,你会比大多数人更精通于规划自己的人生。

> 只有敢于从悬崖上跳下,你才能长出翱翔的翅膀。
>
> ——雷·布莱伯利(Ray Bradbury,美国作家)

少壮不努力,老大徒伤悲

选择一项能让你成功并感到满意的工作很可能是你一生中最巨大、最重要的工程。但并不意味着困难重重,也不意味着你需要如临大敌地去完成它。你需要付出,同时也需要学会享受这个过程,兴奋地投入其中,全力以赴。

人生苦短,没有时间浪费给错误的职业。如果你开始的选择是错误的，你早晚会为此付出代价。

> 我们往往更愿意居安，而不是思危。
> ——约翰·肯尼迪（John F. Kennedy，美国前任总统）

为什么有人不费吹灰之力就能找到正确的职业

有一位吹奏松管的女音乐家讲了一个故事。原来，小时候学校里的音乐老师问大家谁想吹奏松管，她举了手，因为她以为老师说的是一种很简单的笛子。被选中后，她不愿意承认自己根本不知道松管是什么，所以非常认真地学习吹奏松管。很快她发现，自己不仅很喜欢这种乐器，还非常擅长。

和这位女音乐家一样，的确有些人运气很好，歪打正着地就能找到理想的职业。还有一些人，他们有诀窍，知道什么职业适合自己。但这样的幸运儿太少了。你必须自己想办法解决。唯一的好消息是：你就是能够为自己做出最佳选择的人。

> 安全不过是一种迷信。它在自然中根本不存在，孩童根本不会感觉到。避免危险从长远看并不会比直面危险更加安全。生活要么是大胆的冒险，要么什么都不是。
> ——海伦·凯勒（Helen Keller，美国盲聋女作家和残障教育家）

第 3 章　如何使用这本书

请先阅读这句非常重要的提示：使用本书的第一原则就是不要相信我告诉你的任何话，也不要相信其他人对你说的话！有时候你还要学会质疑你自己。为了决定你的未来，你需要亲眼所见、亲身所感。

你的任何行动都要源于你的内心，同时要通过其他渠道来验证你的决定。本书的所有内容不过是个人观点，并非真理。

第一部分：如何选择理想的职业

你将了解到：

- 为什么你的朋友中只有十分之一的人能够拥有理想的工作？我们大多数人使用的那些传统的职业选择方法是没有用的。这些方法不能指导你找到钟爱一生的职业。
- 怎样让一份职业变得完美？重要的因素有哪些？如果你知道怎样让一份职业适合你，你就可以去设计适合你的职业。
- 如何让你自始至终精力充沛地完成一个项目？职业规划是一个非常重要的项目，可能是你一生中最重要、最庞大的任务。让一个项目从一个构思成功变成现实，这样的成就感能够让你对生活充满力量。
- 如何设计一份完美职业？爱因斯坦说："做事要尽可能简单，但不要更简单。"这就是本书的意图所在。这里的内容并不简单，它要求你投入比一般职业选择更多的精力。美国卖得最好的飞行学员手册有 440 页的内容，你要想学会驾驶飞机，就需要把这些内容都掌握。幸运的是，这本书第一部分的内容要少得多。

- 如何应对实现理想的障碍？飞行手册会告诉你"要在飞行前做好检查""不要钻桥洞"等等。这本书也是如此。它会告诉你将要碰到的困难，以及如何应对这些困难。
- 如何得到你想要的？每个人都想掌握更多的技巧来得到他们想要的。放心，你会的。
- 如何把每一步的内容综合起来，做出最后决定？没错！是的！就是它了！！

第二部分　职业设计工具箱

"职业设计工具箱"让你通过新的途径来了解你自己，让你知道该如何使用自身的重要才能去实现你理想的工作。

你将从三个方面来搞清你自己：

- **你是谁**。你的天生才能有哪些，你有哪些重要的性格特征。
- **你为什么工作**。没有人愿意用自己一生的时间去做没有意义的工作。
- **在哪里工作**。你是更适合充满激烈竞争的环境，还是比较宽松、没有太大压力、通过合作来完成工作的环境呢？

一旦你明确了你是谁，你为什么工作，你应该在哪里工作，这本书就将帮助你寻找到可能适合你的职业，并最终确定你的目标。

> 20年后，你将更失望你没有做什么，而不是你做了什么。
> ——马克·吐温（Mark Twain，美国作家）

第 4 章　这要多久？

选择一份完美的职业，要花多长时间？很遗憾，这个问题没有固定的答案。

职业设计是一个过程，不是花上几天或几周功夫就能做到的。你需要投入至少几个月，甚至几年的时间。所以，你并不需要着急，也不需要一口气把这本书读完。花一点时间做做第二部分的问答题，好好琢磨一下。在选择职业时，你并不需要立即为自己确定目标，你可以先划定范围，再慢慢缩小这个范围。比如：

职业范围	具体	更具体
科学	医学	研究医师
商业	市场	技术销售
理工	电子	开设电器工程公司
高科技	软件工程	机器人
音乐	打击乐	电子鼓手

还是让我们具体问题具体分析，看看不同年龄段的人应该怎样找到他们合适的职业。

17 岁—21 岁

对于十七、八岁的年轻人来说，应该好好利用这本书，因为你有充足的时间来了解你自己，为自己找到最合理的选择。当你进入大学准备选择专业时，你可能已经有了初步的方向，你需要慢慢收网，直到捞到你的理想目标。

如果你还没有找到方向，又不得不为自己选择一个专业，请记住：一定不要选择那些看上去很吸引人，但是就业范围很窄的专业。聪明的办法是选择一个具有普遍性的专业，能够让你以后不论做什么都能发挥所学。很多中年人会说，他们根本不记得自己在大学里到底学了什么，你可不要这样。如果你没有准备好，就不要缩小自己的选择范围。

一旦你有了大致的方向，你就可以利用本书的内容来缩小你的选择范围。不要太相信大学里的课程，大多数课程和现实世界是脱节的。换句话说，学习和工作完全是两码事。但是在你上课的同时，你可以发现一些非常重要的线索，让你了解自己哪些方面更有才能或者比较喜欢做什么。

即便你没有上大学，一样要广撒网、慢收网。找到一个大致方向，然后慢慢修正和明确你的方向。学习是必不可少的。你可能需要自学，或者在工作中学习，或者参加一些实习项目。

作为年轻人，整天在家里打游戏，和朋友们侃大山，是不会帮你找到理想工作的。为了满足父母的要求，到学校去拿一个文凭，也不会帮你找到理想的工作。要想让自己拥有一份理想的工作，你就要积极投入到你对人生的规划中来。

21 岁—25 岁

到了这个年龄，你要么已经决定继续留在学校读研究生，要么已经步入社会或者准备步入社会。如果你还不明确自己未来的方向，先不要急匆匆考研。花上一两年时间来寻找你的方向。研究生院是为具体职业做准备的地方，不是让你推迟选择的地方。

如果你觉得你需要一段时间让自己变得更成熟，你完全可以到某个热带小岛上去优哉游哉地过上一年，慢慢思考人生，而不是目光短浅地选择一个你并不喜欢的职业。如果你觉得某个职业领域适合你，那就朝这个方向努力，去尝试尝试。

很多人会觉得："如果我不早点起步，我就被甩在后面了。"这样想固然没错，但是如果这本来就是一份你不想干的工作，领先与落后又有什么区别？所以，不要被那些在你之前找到工作的人吓着。如果你感到压力，那就化压力为动力，把更多的心思投入到你的职业设计中来。

25 岁—30 岁

现在，你应该已经离开学校了，除非你读的是医学院，或者开始读博士，或者你为了逃避现实而有意延长受教育时间。你应该已经踏入了某个你并不适合的职业领域，否则你不会来读这本书。

这时的你，实际上是处于为自己找到理想职业的重要时刻，因为你已经获得了那些初出茅庐的年轻人尚未得到的宝贵财富——残酷的现实。现实对你而言，不再是某个难以捉摸的理论。你已经看到了你的未来，虽然前途并不光明。你可能比其他人更迫切地希望重新设计你的职业。

如果你还没有决定你想要从事的具体职业是什么，你也不必着急。因为你的大部分朋友可能也对自己的职业不太感兴趣。这是一个普遍现象。不过，是时候去严肃面对这个问题了。不要再退缩！

这是一生的工程

过去，一两百年前，一个人选择了一个职业，他一辈子都会从事这个职业，比如农民、教师、木匠、书店老板……人们的生活是可以预测的。而如今，这是一个瞬息万变的世界。跳槽成为常态。你需要不断地利用这本书来规划你的职业，因为：

- 世界发展太快，今天适合你的职业明天可能就不适合你了。比如教育、医学和出版业，这些行业都已经和二三十年前不可同日而语了。
- 很多职业都包括了一系列不同的工作角色，为从事该职业的人带来了更多机会，同样也带来了更多挑战。
- 人们总是希望获得个人发展的空间。
- 随着你的成长和发展，你会发现你的空间在扩大，你的兴趣在转变。

我们很多人，一生都在不断成长中发展。我的一个朋友就是这样的典型。

高中时期，他疯狂迷恋电脑，他想象自己将来要到一家软件公司担任某个设计项目的负责人。到了大学，他发现自己擅长于提供创新的解决方案，而且很喜欢把复杂的材料通过令人兴奋的方式演示给他人，他很快成了微软公司的校园代表。

大三的时候，他休学了。一个人跑到亚洲去旅游，他从来不去游人如织的旅游点，专门找偏僻的地方，与当地人打成一片，了解他们的文化。他会跑到某个小村子里，跟着村民学习他们的语言和生活方式。这些丰富的体验让他学会了勇敢。以前，手上划个口子可能会令他不高兴一整天，在有了这一年的经历后，他已经不在乎这些了。

他更多地投入到他喜欢的生活中。他知道电脑技术方面的爱好并不能满足他，他希望能够为人们的生活品质带来不同，于是他考上了人机工程的研究生。在那里他惊讶地发现，那些在技术上比他更出色的学生反而会依赖于他，他自然而然地成了同学中的领头人，因为他知道如何用这些技术去描绘更宏伟的蓝图。

现在，他在一家大型电脑公司的创意实验室工作。他的任务是帮助发展中国家的人民更好地利用现代科技和教育方案来改变生活。不论是他个人还是他的职业生涯都还在继续发展中。这些年来，他变得更加了解自己了，也能够更加自如地运用他学会的技能。

对于大多数人来说，改变可能不会如此剧烈。但即便是非常固定的职业，比如牙医或者机械师，实际上也在不断变革。正因为如此，寻找完美职业需要一生的投入，需要你在人生道路上不断积累、不断改变，同时你也会不断从中受益。

第5章 一份适合你的职业

> 人生只有一种成功——就是能够按照你自己的意愿生活。
> ——克里斯托弗·莫利（Christopher Morley，美国作家）

为什么有的人如此热爱他们的工作，而另一些人则把工作视为一种折磨？为什么有的人能够精力充沛地度过一天，而另一些人则渴望漫长的休假来缓解疲劳？问题的关键就在于你的职业是否真的适合你。现在，让我们来更近距离地看看你吧。

关键在你

作为一个人，你是独一无二的。这不是恭维。这个世界上确实找不到两个一模一样的人。要想获得一份理想职业，让你的人生步入成功的顶峰，让自己感到满足和快乐，你需要根据你自己的特点来设计职业。

所以，那些根据社会流行趋势选择职业的办法是完全没用的。什么"冷门"和"热门"，你根本不需要考虑。你也不需要因为听亲戚们说某个职业很赚钱，或者看到自己的某个朋友工作很成功，就立即动心。

选择理想职业的首要原则就是要把注意力放在你自己身上，找到你的自然强项，你才能找到真正适合你的工作，而不是误打误撞，碰得一鼻子灰。

什么样的职业是适合的？

这是一个好问题。

答案其实很简单。理想的职业就是天生适合你的职业，而适合你的职业是能够让你与生俱来的才能都得到充分发挥的职业。它契合你的个性。而你，也会觉得它很有趣、很有意义。你的职业能满足你的奋斗目标，你的工作环境能让你成长，你付出的努力能得到回报。不论干了多少年，你依然觉得你的工作很有趣、很有挑战。

选择了一份不适合你的职业就好像是逆水行舟。开始你可能觉得这是一种挑战，但不断与湍流搏击，会让你最终筋疲力尽。

这个世界上除了人类之外，所有生物都会顺其自然。它们知道什么适合自己，什么不适合。一只鸭子不会想去学划船，因为如果你把一只鸭子丢到池塘里，它立即就能开始在水中嬉戏。把一只小鸡丢到同样的池塘里，它会发出令人刺耳的尖叫声，立即设法逃离。把一个人丢到池塘里，5年后，你可能会发现，他一边划船，一边嘀咕："为什么这么难？也许我还应该多上一些划船课程，也许我该换个池塘。"

我们人类总是很聪明，而且我们适应能力很强，所以我们有能力去做很多不同的事情。这些出色的能力也有其负面作用：就是我们往往会说服自己去做某些事情，而没有去关注这些事情是否真的适合我们。

啥是完美的工作？它包括……

> 忠于你的内心。
>
> ——安德烈·纪德（Andre Gide，法国文学家）

天赋和内在能力

每个人都有天生的独特才能。人们在做自己擅长的事情时，才会感到快乐；遇到不擅长的事情，就会感到痛苦。天赋不同于你后天获得的知识、技能和兴趣。兴趣是可以改变的。知识和技术是可以学习的。只有你的天赋，你的内在能力是你与生俱来的，并将伴你终生。你无法改变它们，但你可以学会充分发挥它们的作用。这是为自己找到一份合适职业的基础。

适合你性格特点和气质的工作

试想一下，一位不愿与人接触的教师，一个害怕看到血的医生，一个害羞的推销员，这样的人能做好工作吗？

每个人都希望在工作中能够表现自己，让自己的工作符合自己的性格特征，让自己在工作时和在家里一样自在。但是的确有很大一部分人，当他们工作时，他们是在压抑自己。理想的工作是能够充分表达自我的工作。如果你需要因为工作改变你的性格，或者你觉得自己的同事都像外星人一样，那基本上可以判断，你的工作是不适合你的。

得到适当的奖励

奖赏是激励你继续快乐工作的动力。对于你来说，有些奖赏比其他奖赏更重要，因为这些奖赏与你的价值相关。必要的奖赏可以让你继续保持良好的工作状态。如果长期得不到认可或奖励，将最终破坏你对工作的热爱。

带着目标工作

为自己的工作树立目标是获得快乐的重要途径。有目标的工作让你有明确的努力方向，让你感到挑战的存在。在实现目标时，你才会有成就感。

充满兴趣和意义的工作

当人们在做某件自己关心的事情时，他们会为自己的所做感到自豪，会觉得自己在做出某种贡献。他们的工作对他们充满吸引力。虽然他们工作可能也是为了挣钱糊口，但是每天早上从床上爬起来时，他们并没有对即将开始的工作感到厌倦，而是充满期待。

融洽的工作环境

每个人都有与之相适应的工作环境，也会有令他们感到疲惫的工作环境。我们这里所说的"环境"，包括了地理位置、公司的风格、同事的个性、办公室的环境以及你与周围同事、领导、客户的关系等等。

很显然，你是一个复杂的个体。你并不是某一种性格特征或因素所能决定的。所以，寻找一份理想的职业，需要让你的独特性得到充分发挥，最好不要有遗漏。

现在你要做你自己

基因

每个家族都会有一些属于他们自己的遗传特征，比如单眼皮、大脑门、酒窝或者顽固的性格等等。

曾经有一对双胞胎姐妹，她们一出生就被分开了。她们在不同的家庭里长大，但是她们的人生经历却十分相似。两人都在同样的年纪结婚，都孕育了两个男孩和一个女孩。她们还有很多共同的个人习性，比如，她们都喜欢用手掌揉鼻子，都喜欢用同一种品牌和颜色的染发剂，都对同样的东西过敏，都喝冷咖啡，都有恐高症和晕血的习惯。她们接受体能测试和智商测试，得到的分数是一样的。当她们最终相聚后，她们送给对方的是同样的生日礼物，而且她们初次相见时，连着装也几乎一模一样。

这对双胞胎的经历充分说明基因在决定个人习性和能力上所发挥的作用恐怕比我们想象得更突出。你的性情和才能在很大程度上是你的基因工厂加工出来的。有的人天生丽质，这是他们的基因送给他们的礼物。所以，如果你喜欢做白日梦，如果你寡言少语，如果你脾气暴躁，这都不是你的错，因为老天把你送到地球上时，就是这样打包的。

培养

我们的一生都受到各种因素的影响：父母、朋友、电视、我们所属的群体、我们所属的文化和社会、我们的经历、我们的决定和错误。动物学家说，人是"群体动物"。在远古时期，每个人都有所属的种族或部落；现在，我们的思维方式、价值观和行为处事依然受到身边多个群体的影响。不管你是一个多么具有独立思维的人，你都不可避免地受到外界影响。

这种影响常常是在不知不觉中产生的。我们绝大多数人根本不会去考虑是否要接受这样的影响。我们以为别人都和我们想的一样，但实际上我们都是独特的基因遗传和后天培养的产物。

做你自己

你身上有多少遗传成分，又有多少来自生活环境的影响？关于这个问题，科学家们至今争论不休，但这并不会影响到你选择理想的工作。不管你的性格和天赋来自哪里，基本特征是不易改变的。你当然还会掌握新的技能，你也会不断发展你的性格和能力，但你不可能变成另一个截然不同的人。现在的你和未来的你，在本质上来说是一样的。

当你把大自然赋予你的独特性与你在后天学习到的能力充分结合在一起时，你就成了一个完整的、独特的、复杂的你。没有人会和你拥有同样的性格、天赋和历史。

这一切说明，你为自己制定的职业规划一定要适合你自己，而不是其他人，是适合现在的你，而不是你希望自己成为的模样。如果你是一个安静、喜欢独处的人，你也可能会希望自己变得更热闹些，但是如果你按照自己的希望来选择职业，那可就错了。这并不是说，你不可能让自己变得更加外向，明智的做法还是根据你的现状来选择你的职业，而不是你可能的模样。这就是为什么我们要对自己的性格特征、行为习性、才能秉赋有充分了解。

人类精神

现在你可能会反问："难道你认为我不过是某种没有自由选择和自我决定权的动物，或者某件精制而复杂的机器吗？"不，当然不是。我们刚刚说的还仅仅是人类本性的一个方面，下面我们还要说说另一个可以改变一切的方面。

自然和培养并不能完全解释人类。的确，有的事情我们无法改变。如果你身高不足一米八，你被 NBA 选中打篮球的可能性基本上为零，你最好还是考虑篮球以外的职业。

但是，人类之所以高于其他动物，是因为我们能够想象那些无法自然发生的未来，我们能够朝着这个理想奋斗，并最终梦想成真。这不仅仅是一种计划的能力，这是一种通过不懈努力，让梦想变成现实的能力。这就是人类的精神、人类的创造力。

第二单元

➡ 启动你的职业规划

第 6 章　如何得到你想要的

本章的很多内容都是基于人类智慧的结晶，是很多成功人士的经验总结。这些内容可以让你受益终生。它们不仅仅是纸上的理论，更是可以付诸实践的技能。掌握了这些技能，你就能驾驶你的人生火车行驶在正确的轨道上。

为自己创造一个不会自然发生的未来

为什么有些人无需太多运气也能拥有非凡成就？他们是怎么得到他们想要的一切？很多人以为这样的成功人士一定有一些独特天赋，但是如果你去问他们成功的秘诀是什么，他们可能会告诉你，他们其实也是和你、我一样的普通人。唯一的区别在于：他们拥有自己的事业。

项目

任何时候，只要你专心朝一个目标努力，投入地做某件事情，你就是在完成一个项目。不管是宏伟的项目，比如消除世界饥饿，还是个人的项目，比如拥有你理想中的生活，或者最简单的项目，比如做一个三明治，完成步骤都大同小异。我们可以把完成这些项目的步骤统称为"成功周期"。

成功周期

生活中的很多事情都是有周期的，比如一天的周期是 24 小时。每件事情都会有开始、发展、结束。如果你能掌握成功的周期，你的生活就会获得巨大推动力，你就能过上你想要的生活。

我们先来看看一个简单的项目成功周期是什么样的。在接下来的章节中，我们将对每一个步骤进行更深入的探讨，包括可能出现的缺陷。

1. 设定一个目标。你想要实现什么目标？这个夏天到欧洲度假两周，一份能够给你带来最大成功感和满足感的工作，学会爬山，还是为自己做一份花生酱的三明治？

2. 承诺要实现目标。空想是没有用的。如果你想要实现你的目标，你需要把它变成对自己的承诺。

3. 计划如何实现目标。很幸运，在找工作的计划上，你无需花太多力气，因为本书已经替你计划了不少内容。

4. 开始行动。把你的计划拿出来，开始做吧。面对困难，奋勇前进。

5. 坚持、解决问题、调整。一旦付诸行动，你一定会遇到意想不到的事情（可能是帮助，也可能是阻碍），所以你需要不断调整计划。同时，你要持之以恒，即便是在最困难的时候，也不要忘记你自己的承诺。

6. 任务完成，庆祝！经历了这一切后，你可以狂欢了！

掌握成功周期的每项步骤

现在，假定你的下一个项目计划就是为自己做一份花生酱三明治，看看你是如何完成每一步的。

1. 设定一个目标。你坐在沙发上看电视。你的大脑接收到来自胃部的熟悉信号："快送吃的来！"你的大脑迅速根据要求设定了目标：花生酱三明治。（当然，你的味蕾可能会提议吃比萨饼，但考虑到目标的可实施性，花生酱三明治最终胜出。）

2. 承诺要实现目标。对于本项目的承诺要比建立一个国家，发表一个《独立宣言》容易得多。基本上你的胃动力已经替你做出了承诺。

3. 计划如何实现目标。简单的目标只需要简单的计划：找到面包和花生酱，把花生酱用水果刀涂在面包上。

4. 开始行动。开始动手做三明治。

5. 坚持、解决问题、调整。花生酱太硬，抹不开。你决定首先加热花生酱，使其变软。

6. 任务完成，庆祝！就三明治项目而言，你完工后的庆祝方式就是三下五除二把它送到你的胃里。现在，你的饥饿感解除了，你可能会考虑一个更长远的目标——来份比萨饼。

好了，你已经掌握制作一份花生酱三明治的成功周期，当然这是最简单的程序，可能你5岁时就已经熟练掌握了。面对职业设计这种更巨大的项目，你需要投入更多意志和精力。如果你中途退出或者想偷懒抄近路，你就自动脱离了成功人士的队伍。

下面就是一些可能导致你在成功周期中犯错误的情景：

- **没目标**：害怕你没有设定"正确的"目标，于是你得过且过，生活缺乏目标。你需要认识到：根本没有什么是"正确的"目标。
- **盲目行动**：没有计划，盲目行动。这是很多人失败的原因。
- **光说不练**：没有付诸行动，只把计划挂在嘴边。有些人每天都在夸夸其谈，但从未采取过任何行动。
- **动不动就放弃**：如果你没有恒心，不能面对困难，你将无法抵达你的目的地。还有些人不知道灵活应变，在同样的困难面前周旋，这也是他们无法继续前进的原因之一。
- **不作总结**：还没有来得及庆祝你的成功，也没有总结你的得失，就急匆匆地投入到下一个项目中。

力量

什么是力量？如何得到力量？这里的力量，并不仅仅是举重运动员施展的力气，也不是政治家手中的权力。我说的力量是个人的力量，是能够让梦想变成现实的能力。获得这样的力量不需要去控制别人，也不需要每周七天的锻炼。

衡量这种力量的标准，就是看你从一个成功周期转移到另一个成功周期的速度和效率。比如，你在某个大公司工作，你的目标是要晋级到某个岗位。如果你只花了几个月时间就实现了这个目标，说明你的个人力量很强；如果你花了好几年时间，你的力量就比较弱了。如果你的目标是购买一辆新车，而你花了20年才实现这个目标，你的力量真的很微弱。

个人力量并不仅仅是名气和财富。你为自己做出的每个决定都将无形地增加或减少你的力量。你完成的成功周期越多，你完成成功周期的速度越快，你的力量就越强。

我建议你经常实践成功周期的步骤，哪怕并不是必需的。你会惊讶地发现，生活原来就是一个项目接着一个项目：决定自己的工作、去吃午餐、去看外婆、跑步到办公室、到西藏去度假、为自己找到伴侣、帮助你的朋友、学习做泰国菜、减肥、换一个城市、换一份更好的工作、为周末制定计划、写一首诗、和某人开个玩笑、结婚……生活中充满了各种大大小小的项目。

你应该有意识地把完成各种项目作为生活的一部分，为自己选择一些具有挑战性的目标。如果你选择的项目都轻而易举，那你的力量没有得到锻炼，你很难让自己有所发展。

还记得你第一次开车上路吗？一开始你一定全神贯注、非常紧张吧，因为你害怕撞到路人或者电线杆。你开得越多，你就变得越轻松。慢慢地，驾驶成了一种本能反应，你开车时根本不用去思考什么，你开得很好。

这就叫掌握。当不断设定新目标，不断完成项目变成你的习惯时，别人就要对你刮目相看了。

第 7 章　制定一个目标（第 1 步）

现在，我们要花几天时间来为自己制定人生目标。我们要问问自己，我想要什么？我需要什么？

需求是自发的

我们每个人都有一些特别的愿望，比如我们想让自己更英俊、更漂亮，个子更高，或是想让自己过上喜欢的生活。这些愿望，或者说需求，是发自内心的，并不需要经过大脑的反复思考。很多时候，我们所属群体推崇的价值观念、我们所属文化的大背景会直接决定我们的需求。上世纪 60 年代，对于绝大多数美国的大学生而言，最大的愿望就是让人生过得有意义。而今天，七成以上的大学生会说他们最想要的是赚钱，赚很多的钱。时代变迁导致了社会群体价值观念的变化，我们个人的观念也随之改变。

需求从不会停止

有一个很简单以至于常常被忽略的道理，那就是——我们想要的都是我们没有的。我们永远无法拥有一切，所以我们的需求也不会停止。去看看那些腰缠万贯的富翁们，有谁赚到了第一桶金就放手？有谁是只拥有一栋别墅或者一辆跑车的？他们赚的钱越多，他们想要的也就越多。一旦他们得到了他们梦寐以求的豪华游艇，他们会立即渴望得到一艘更大的。有时候，你新买的电脑还没拆封，你的注意力就已经转移到更新的目标上了。

需求不会自己变成现实

你可以有自己的需求，有自己的希望，有自己的幻想，但无论你烧多少炷香，磕多少个头，你依然会两手空空，除非你付诸行动。如果你的一个朋友说："我真想明年到欧洲去旅游。"而另一个朋友也说："无论如何，我准备明年到欧洲去旅游。"如果你觉得他们两个人可以同行，那你就错了，他们说的完全不是一回事。前者是在表达一种希望、一种想法——这样的想法和疯狂粉丝天天梦想见到自己的偶像没什么区别。但是后者却是在传达一个完全不同的信息——我承诺明年一定要到亚洲去旅游，你完全可以相信我。

需求并不是承诺

最新的大脑图层扫描技术显示，人的需求和承诺在大脑中所属的位置是不同的。如果你仔细分析和朋友们关于未来的谈话，你会发现其中98%的内容属于需求，而承诺的部分可能只有2%。有时候，需求会直接引发行动，但只有当习惯成自然时才会发生。那些有烟瘾的人，当他们对尼古丁产生需求时，他们的手已经不自觉地拿起了香烟。

要弄清楚自己真正的需求，这很重要。这是让自己采取行动的起点。本章的内容就是要帮助你了解自己的生活和工作中最主要的需求。我更愿意把这里的需求说成是有意识的、主动的需求，或者是付诸行动的一种方式，以此与那些自发的、偶然的需求相区别。

接下来的问卷将帮助你找到你最想要的是什么。

调查 7-1　　　　　　　　我想要什么

1. 你想从这本书里得到什么？你的目标是什么？要具体回答。要对自己完全诚实。下面是一些可能的选择，如果没有适合你的，你也可以填上你自己的答案。

　　____我希望设计我未来的职业，让我知道我应该做什么。我不知道这需要花多长时间,也不知道到底会有多困难,但这是我想要的结果。

____我希望朝着设计未来职业的方向努力,但是我还没有完全准备好。我希望从这本书里获得选择职业的灵感,其他事情暂时还没有决定。

____我还没有准备好设计我的职业。我希望通过这本书更多地了解我自己,并开始研究有关职业的问题。

____我读这本书没有别的目的,就是觉得我应该读一读。

____ _____

____ _____

____ _____

2. 列一份清单,说明你对未来职业有什么要求,以及在未来工作方面有什么需求。你要找个本子好好记录下来,方便以后使用。记录下你对未来工作的所有期望——包括最狂妄的梦想和最现实的需求,越详细越好。你不需要一口气把所有想要的都列出来。先写下你现在可以想到的,过一两天再来补充。

有的人会说:"我怎么知道我想要什么?"事情很简单。如果你想要什么,你一定会知道;如果你不知道,那就是你不想要。人的愿望就是这么清楚,它不会隐藏。如果有人觉得这个问题很难回答,那往往是因为他们问了另一个问题,比如"什么对我是最重要的"或者"什么是我应该做的"。

下面是一些可以启发你想法的清单。

____我想要成功。对于我而言,成就就是 _____

____我想要非常成功。成为我工作领域的佼佼者。

____我想要赚钱。我想要财富。

____我想在工作中获得满足感和充实感。

____我希望我的才能和个性能够在工作中自由流露。

____我希望我的工作对我来说很轻松，我能把它当成一种享受。

____我想要享受我的工作，感觉更像是在玩，而不是工作。

____我希望在一个优秀的团队里工作，和高水平的人一起愉快地完成工作。

____我希望工作不要占据我生活的全部。我想要有足够的时间和朋友、家人在一起，享受工作之外的乐趣。

____我希望我的工作包括有冒险的刺激。

____我其实不想工作。工作之外的生活对我才是最重要的。

____我想找一份不会让我一天下来筋疲力尽的工作，能够让我有充足的时间过我真正的生活。

____我希望为一家小型的、具有创造性的公司工作，一家对员工就如家人般的公司。

____我希望在工作中因为我的能力而受到高度尊重。

____我希望在工作中做出对我个人很重要的贡献。我希望自己所做的事情是独特的。

____我希望成为某个方面的专家。

____我想要大部分时间独自工作。

____我希望在工作中因为我的成绩得到嘉奖，而不是我是否掌握办公室里的潜规则。

____

_____

_____

_____

_____

_____

_____

_____

3. 仔细看看这张清单，然后给每个愿望排序。在你最想要实现的愿望前面标注1。

4. 再看看你的需求清单，看着每一项需求，问问自己："这是我想要的吗？还是我觉得我应该需要，或是其他什么人觉得我该需要呢？"

去掉那些你发现自己并不真正想要的条目，再想想是否还有遗漏，是否还有一些你没有列进去，因为你觉得这样的愿望可能某个人不会接受，是否还有一些你曾经拥有、但又放弃了的梦想呢。如果有，请把它们重新拾起来，放到你的需求清单里。

如何确定你真正想要的

要确定什么是你真想要的，一个很好的办法就是问问自己："为什么我想要？有什么吸引我的地方？"

很多人会把金钱放在他们需求清单上的第一位或者前几位。假设一个情景，汤姆为自己渴望的工作列出了一份清单，这份工作必须高薪，能够让他买得起郊区的大房子，拥有豪华轿车和所有他喜欢的东西。为了这个目标，汤姆在学校里十分努力，他后来进入了一所顶级的法学院深造，毕业后如愿进入了一家理想的法律机构。

作为一名勤奋的律师，汤姆每天早上5点半起床，迅速吃完早餐，跳入他那辆价值不菲的高性能跑车中，驶入滚滚的早高峰车流中。一个小时后，他强压着堵车的怨气和无奈，把车开进了停车场，服务生从他手中接过钥匙，风驰电掣地把车驶向地下车库。油门的轰响又给他平添了几分怒气，不过他自己很少注意到。在接下来的11小时里，他要完全投入到工作中。他要确保他的客户能打赢官司，不管他是否真心认为他们应该赢。

下班后，在车海中又挣扎了一小时，汤姆终于在晚上8点回到了家。他需要喝上一杯来缓解一天的疲劳。他不想和任何人说话。他的妻子告诉孩子们不要去打扰父亲。他静静地坐在他钟爱的豪华皮椅上，盯着超大屏幕电视，一边看新闻，一边担心他的投资。他的胃有些不舒服，他还怀疑自己的心脏有问题。他意识到周末他得花上一天时间来解决这些问题。

如果你问汤姆，他为什么选择了这份职业，他可能会告诉你，做律师是因为他想要让自己获得成功和快乐。如果你问他成功意味着什么，他可能会说一定的社会地位。如果你问他为什么社会地位那么重要，他可能会说是让自己感觉舒服。啊哦，真糟糕！因为没有人像你这样强迫汤姆仔细思考他真正想要的，于是他下意识地选择最常见的答案——赚钱。

有调查表明，低收入会影响人们的幸福感和满意度，但过多的收入也并不会让幸福感猛增。也就是说，哪怕你已经成了百万富翁，你也不一定比一名教师更幸福。难以置信，但这是真的。所以，听我一句话：如果你想要的是幸福，那金钱并不是最好的选择。它永远无法满足你内在的真正需求。这就是为什么我们要弄清楚自己到底想要什么。有时候，你认为你想要的可能并不是你真正想要的。

调查 7-2　　　　我到底想要什么？

这个调查是为了调整你的愿望，去掉那些表面的东西，看看你心里到底想要什么。每个人的需求都是有原因的。你想要一双新的跑鞋？为什么？可能你想要看上去更精神，你想跑得更快，或者你想让别人觉得你喜欢跑步，又或者你仅仅是喜欢鞋子的款式设计？不管怎么样，你都会有一个理由。所以，在每一个需求前面，你都可以加一个"为什么"，来确定什么是你真正想要的。

- 我为什么想成为我想要成为的样子？
- 我为什么想做我想做的事情？
- 我为什么想要我想要的东西？
- 我能得到什么？最大的好处是什么？

比如：
我想要很多钱。
为什么？
我想要在城里我喜欢的地方居住。
为什么你想住在你喜欢的地方？
我想过得舒服，受人尊敬。

在上面这个例子里，真正的愿望实际上是"过得舒服，受人尊敬"，并不是只有依靠金钱你才能实现这个目标。你可能有更好的方式来获得尊敬。也就是说，如果你能够深入挖掘内心需求的真正原因，你可能会有更多选择，而且你也更容易得到你真正想要的。

现在，把你之前列出的需求清单再回顾一遍，然后问自己："为什么我想这样？我能得到什么好处？"把答案写下来。花一些时间来考虑你想到的答案。你可能会对清单进行修改，使之更符合你的内心想法。

什么是可能的？

如果你不想过那种碌碌无为的生活，你需要掌握一些技能来为自己的生活营造新的可能。遗憾的是，我们往往会被眼前的现实所束缚。如果你能创造新的可能，你就拥有无限空间，你的选择会更多，你的行动会更有力。让我们来看两个例子，你就更清楚我的意思了。

- 有一位年轻女性，她很烦恼，因为她既在理工方面很有天赋，又酷爱艺术。她的父母都希望她当工程师，但是她知道她不能离开艺术。一天晚上，她坐下来问自己："有没有别的可能？我能不能既当工程师，又做艺术家？"她找到了一种新的可能，她决定让自己学习设计工程，专门设计一些别致而实用的居家用品。
- 苹果电脑的创始人之一史蒂夫·乔布斯（Steve Jobs），就是一个在不断创造可能性的人。苹果电脑、iPod、制作精美的获奖动画电影……所有这些令人叹服的成功，在最初都是缘于乔布斯设想的可能性，他把这些可能性变成了现实。

人类文明前进的每一步都源于突破性的思想，源于创新，源于新的可能性。总会有人问："还有什么可能吗？"然后采取行动，把可能变成现实。如果没有脑海里那幅蓝图，你永远无法改变你的生活。当你问自己"还有没有可能时"，你就为自己打开了另一扇通向未来的大门。

如何创造新的可能

任何一项计划，如果你仅仅停留在"我想要什么，我的目的是什么"上,你并没有走出你原有的思想。当你问自己"还有什么可能"时,你实际上是把"我想要什么"的问题带入了一个新的领域。

如果你对自己的答案已经非常满意,那你可以不再去问"可能"的问题。如果你对答案不确定,那就去看看还有什么其他可能。

调查 7-3　　　　什么是可能的?

假设某天你走在路上,突然,一辆卡车迎面把你撞倒!当你再次睁开眼睛,你身边站了一位天使,关切地看着你,然后很抱歉地对你说,你被卡车撞死完全是一个误会,你将被送回人间。并且,作为补偿,你可以选择你想要过的生活,你最喜欢的工作和你最喜欢的生活地点。唯一的限制是,你的自身条件不会改变,你会恢复到被卡车撞倒之前的样子。也就是,如果你原来五音不全,那你就不要选择"歌星"作为你的新职业;如果你身高不足一米八,那最好也不要选择"NBA 明星"作为你的职业。

如果有这样的机会,你会怎么选择?你会选择什么样的工作?什么样的生活?你的选择会和你前面完成的答案有所不同吗?换句话说,你是否低估了你自己,是否局限了你的选择?如果你真的能得到你想要的,你会想要什么?请把你的答案添加在你的需求清单上。

想为自己创造新的可能,最简单的方式就是问自己"可能是什么",我一直都是这样做的。除了接受生活给予我的一切,我总会问自己还有什么其他可能,这是我的习惯。每当我决定做一件事情,我都会问自己还有什么能够获得更好的结果,我会朝着这个可能努力,让自己收获更多。现在,你要考虑你愿意为自己创造一些什么样的新可能。如果你每天都能这样问自己,那你的生活将充满奇迹。

三种处理需求的方法

我们每个人都有几种应对自身需求的方法:

- 对生活保持顺从,很少提出要求,很知足。不会强求,不会有太多期望。

- 无动于衷。修行的僧人会学会面对大脑里所有的想法和情感，包容一切，但不为之所动。你恐怕不会想让自己当和尚吧，不然，你就不会读这本书了。
- 学会做出有力的承诺。这是我的建议。为了你的渴望付出努力。坚持下去，直到实现你的梦想。

第三种选择是一个人在人生道路上应该学会的最重要的技能。

第 8 章　承诺实现你的目标（第 2 步）

每个人都是出色的空想家。总是在不断希望、不断梦想、不断期待、不断向往、不断憧憬、不断羡慕、不断渴望获得那些可望而不可即的事物，却很少真正问问自己："我该如何做，才能使梦想变成现实？"

请注意：如果你愿意为自己制定目标，愿意承诺，愿意付出，愿意朝着你最渴望的梦想努力前行，愿意坚持不放弃，哪怕遭遇失败和挫折，那你将具有惊人的力量。

这里就有一个真实的例子。

我认识一位杰出的女性。她叫做乔迪·威廉姆斯（Jody Williams）。她有一个梦想，就是要消除地雷给人类带来的伤害。在全世界，在那些战火纷飞的国家里，埋藏了数不清的地雷。即便战争结束后，这些地雷依然在威胁着人们的生命。成千上万的人因此变得肢体残缺，甚至失去生命。仅仅在柬埔寨，就有超过 3 万的无辜百姓因为踩到地雷而被迫截肢。

很多人都同意埋藏地雷是错误的，说到地雷他们都会摇头，他们都在抱怨，但是乔迪付出了行动。她发动了一项在全世界禁止地雷的运动。最开始，她就是通过自己的电脑，在网上说服人们加入她的计划。几年后，作为国际禁雷运动的发言人和策略总监，她构建了一个全球性的联盟。全世界有超过 1300 多家机构加入了她的联盟。现在已经有 130 多个国家签署了禁雷协议。1997 年，乔迪获得了诺贝尔和平奖。全球著名财经杂志《福布斯》（*Forbs*）把乔迪评选为全世界最有影响的 100 位女性之一。

乔迪并没有什么神奇的力量。她不过是在履行两个简单的承诺：第一个承诺是要禁止地雷，第二个承诺就是要永不停息地完成这个目标。你和我，也具有同样的力量。我们往往更关注于我们脑海里不断冒出的想法，而不是我们真正做出的承诺。

这可不行。只有行动才能创造奇迹。

我们大多数人把一生时间都花在做自己喜欢的事情上，却很少去做那些我们认为自己将要做的事情。

这两者是不同的：

> 做你觉得喜欢做的事情。
>
> 做你告诉自己将要做的事情。
>
> 我从不等待情绪来临。如果你一味等待，你将一事无成。你必须牢记，只有行动才能有所得。
>
> ——赛珍珠（Pearl S. Buck，美国作家）

我们可以换一个角度思考。在任何时候，你都可以主动地生活，或者自动地生活。自动地生活，就是随心所欲，这是绝大多数生物的常态。我们人类在大部分时候也是在根据自己的本性行事，但是人类历史上一切伟大的创造和发明，都是主动的结果。

做出承诺是完成成功周期的重要一步。在履行承诺的过程中，我们为自己重新定义。当你下定决心，克服一切困难，不给自己任何借口和理由，一定要实现你的承诺时，你就表现出了人类独具的伟大力量。你就是在说："我是我人生的指挥官，而不是过客。我将书写我自己的故事，而不是成为别人故事中的配角！"

把自己从舒服的被窝里拖出来吧，朝着自己的目标行动。如果你一生从来没有准时过，那就从现在开始做到准时。你可能会失败好几次，但你的能力会在锻炼中提高。再强壮的举重运动员，也不可能一开始就打破世界纪录，他们也是在锻炼中一点点增加重量，直到有能力举起一个令人难以想象的重量。

承诺的力量

我曾经有这样一位客户。她是位 40 岁的单身母亲，她的女儿已经长大，现在她想过她喜欢的生活，想成为一名医生。她没有什么专业背景，因为在大学里她主修的是法律。她也没有足够的钱去上医学院。但她向自己做出承诺，她要成为一名医生，这个承诺给她带来无限力量。她成功说服了医学院的入学管理委员会，接受了她这名与众不同的学生。她一边上课，一边打工赚钱，并克服了所有困难。现在，她是一名医生。

绝大多数人在同样情况下，是不可能去尝试完成这个目标的。即便他们曾经打过这个念头，他们也会有各种各样合情合理的理由来说明为什么这个目标不可能实现，然后为自己找到另一个更实际的目标。而我的这位客户，用她的诺言战胜了她的思想、她的感受、她的恐惧和外在压力。

我并不是说，你的人生也要经过这样的乾坤大挪移，才能完美。问题的关键在于你是否愿意为自己的理想而付出，不论遇到什么困难。

> 你可以追着大狗一起跑，或者坐在走廊里狂吠。
> ——华莱斯·阿诺德（Wallace Arnold，美国少将）

什么是创造性的承诺？

答案很简单：创造性的承诺能够产生具体的结果。换言之，因为存在这样的诺言，才会导致一定的结果。

如果你的承诺太宽泛，没有具体内容，那是没用的。"我要成功"这样的豪言壮语并不会给你带来真正的成功，因为这样的承诺没有给你指出具体的行动方向。一个有效的承诺应该是包含具体期望的。

根据这个期望，你可以制定出实施计划，可以判断你是否达到了目标。比如："我将在 2025 年之前获得成功。对我来说，成功意味着我能用百元美钞填满一个 25 英尺宽、40 英尺长、8 英尺深的游泳池。"这就是一个很强有力的承诺。有了这样的承诺，你随时可以衡量你游泳池里的钱有多少，还需要多少，你距离实现你的目标还有多远。如果到了 2020 年，你发现你游泳池里的美元只有 1 英寸厚，那你就知道，你必须调整你的策略，否则你将无法实现你的目标。

个人的力量来自于你完成承诺，在于你能否说到做到。哪怕环境对你不利，哪怕困难重重，哪怕你已经打了退堂鼓，只要您能够坚守承诺，你就在不断地积累力量朝着你渴望的生活前进。

我也是一个典型的例子。很多年前，我向一位导师做出承诺，我要改变美国人选择职业的方式，让他们能够找到适合自己的职业，过自己想要的生活。这个承诺脱口而出的时候，我自己也吓了一跳："这怎么可能？"我个人的微弱力量，怎么可能改变美国这么多人的就业选择？尽管困难重重，我还是坚持行动了。

虽然我找到了能够帮助人们获得理想职业的工具，但是我还是不知道该如何把这个好办法迅速告诉全美国的人。我咨询了很多专家，他们都说我应该写本这方面的书，这本书必须写得非常通俗、非常精彩。这时，我的脑海里又在尖叫："你连感谢信都不会写，怎么可能写书呢？你怎么保证你就能比那些专业作家写得更好？你以为你是谁？"好在我没有被这样的担心吓倒，我决定坚守自己的承诺。

我花了三年时间，每天一大早就爬起来，开始写作。我也不知道我写的东西到底好不好。每天我都在担心出版商会把我的书稿丢进垃圾桶，但我还是克服种种担忧，坚持把书写完了。结果，出版商对我的初稿大加赞赏。而我的第一本书出版后，很多人都说这本书的确帮助他们找到了他们热爱的工作。

第 9 章　计划（第 3 步）

计划能够帮你确定正确的道路。很多人跟我说，在他们花了多年时间获得高学历后，却发现学历并没有帮他们获得渴望的职业，有的人甚至找不到与专业对应的工作。这些人的遭遇就好比是没有带指南针，就冲进了一片大森林。如果他们有精心的计划和准备，认真研究了环境状况，他们可能就不会迷路，还能提前获知森林里有熊出没的警告。

你的计划要适合你的目标。目标越大，计划也就会越大。如果你的目标仅仅是去电影院看一场电影，你的计划很简单。

第 1 步：晚上 8 点去接上你的朋友约翰。
第 2 步：一起去电影院。
第 3 步：一起看电影。

如果你的目标是成为美国总统，你的计划会非常复杂，可能需要很多年时间。

项目计划制定步骤

陈述你的预期目标

如果你已经完成了成功周期步骤中的第 1 步和第 2 步，现在你心里应该已经有了具体的目标，一个你愿意全身心投入的目标。你的目标应该如同激光光素一样清晰，比如："攻读文学写作的硕士学位，并在此期间撰写一本小说，由主流出版社收购并出版。"这样的目标才是你应该有的，而不仅仅是"我想当作家"。

你的计划越详细，实施的效果就越好。

寻找实现目标的可能途径

现在，你要找到实现目标的最佳途径，你需要尽可能多地创造和考虑各种可能，想到各种各样有可能推动计划、实现目标的方法。除了那些合情合理、显而易见的途径外，你更应该考虑那些能够把你带入新领域、开发你的潜能的方式。人们总喜欢怎么舒服怎么来，不愿费力气，不愿尝试新的方式，哪怕是非常有效的。只有真正聪明的人，才会选择去做最有效的事情而不是让自己感到最舒服的事情。

想一想哪些问题最重要，把它们挑出来。我们前面提到的那位有潜质的作家可能会问自己："如何能进入大学？""入学的标准是什么？""如何顺利获得入学资格？"要回答这些问题，你应该去问招生办公室工作人员、已经入学的学生、高等教育委员会工作人员和任何有可能知道答案的人。然后归纳总结所有答案，看看你自己该从哪些方面去准备。需要推荐吗？请以前上学认识的教授写几封强有力的推荐信。还需要更多认可吗？找个刊物发表作品，哪怕是不起眼的刊物。

上面这些事情可能已经让你不自在了。你可能拉不下脸去请以前的教授为你写一封推荐信。和大多数人一样，你不喜欢求人，你宁愿少提要求，也不愿遭到拒绝。如果是这样的话，你必须做出选择：现在冒着被教授拒绝的风险，或者将来被你心仪的大学拒绝。

选择你的行动步骤

在研究了各种可行性后，你的下一步就是决定你该怎么做。你要把最基本的策略变成具体的实施步骤，每一步行动都要清清楚楚，向目标靠近。你的行动步骤是否完成，应该是可以判断的。"每天步行10英里"是一个可以衡量成败的行动步骤，"每天坚持步行锻炼"就不是。

为计划的每一部分制定里程碑和应急预案

很多时候，你的计划会陷入困境，会遭遇延缓，或者偏离既定方向。你需要确定你的行动在按计划进行。当你的计划受阻时，你需要知道该怎么做。

因此，在制定计划时，你就要估算每一步行动所需的时间，为行动完成设定一个具体日期。这个完成日期就是一座里程碑。它会告诉你，你的计划进行到哪一步了，比预期提前了还是落后了，你什么时候该开始新的行动。如果计划实施缓慢，它会像闹铃一样提醒你采取紧急预案来改变现状。只要你能够关注你的里程碑，你就能在事情变得更糟前，迅速做出反应，调整策略。为你的计划设置具体的阶段性里程碑，能够让你有力掌控你的行动，精确完成每一步。

为自己准备一些应急措施也非常有用。这样，当你的原定计划停滞不前、偏离目标或者被命运无情地破坏时，你就不至于慌张失措。可能在你的生活中，你经常都会是"一颗红心，两手准备"。

当人们提到"后备计划"或者"第二方案"时，通常意味着原定目标已经无法实现，必须改变策略。但在大多数情况下，事情并没有糟糕到不可救药的地步。我们往往过早地轻易放弃了自己的梦想，却把自己的不良习性当作宝贝一样固守不放。如果反其道而行之，生活会变得更有趣。也就是说，真正应该被我们当作宝贝一样固守的，是我们的梦想。

通常，最好的应急方案并不需要你改变或者放弃原定目标，而是能够让你的计划重新步入正轨。如果你考不上麻省理工大学，并不意味着你就应该放弃成为机械工程师的梦想。在专科技校里，你也可以学到相关的知识，不是吗？总有办法实现你的梦想。除非你真是走投无路了，否则不要放弃。

> 首先对自己说你想成为什么样的人；然后做你必须做的事。
> ——埃皮克提图（Epictetus，古希腊哲学家）

第10章 行动：设计你的职业（第4步）

>你的成绩可不是光靠嘴巴说出来的。
>
>——亨利·福特（Henry Ford，美国企业家）

本章将为你介绍洛克普特学院专有的职业设计方法。这些内容不仅需要你阅读，更需要你掌握。要对这些内容了如指掌，如同你知道自己的名字一样。你对这些内容越熟悉，你就越能充分利用它们为你服务。

洛克普特职业设计方法概述

使用洛克普特的方法，实际上就是根据自身基本特征来设计职业。有一个问题是你在整个设计过程中需要不停地追问自己，那就是"哪些东西一定要成为我未来职业的组成部分？"

这个问题是整个方法的中心。这个问题要比"我喜欢什么"或者"有什么好的职业"这种笼统的问题难得多，因为你每回答一次这个问题，你都在做出一种选择，都在为你的未来职业添加一个确定元素。在你的整个职业设计过程中，一共有三个阶段，你将扮演三个不同的角色，它们分别是：侦探、决策者和设计师。

你将通过多个练习来分别扮演这三个角色。这些角色将指引你一步一步靠近你未来的职业。我们把这些练习称作"调查"，因为这就是你要做的——调查什么样的职业百分之百适合你。

这些调查都是为了帮助你从迷茫的内心中找到有用的蛛丝马迹，让你通过扮演侦探、决策者和设计师三个角色来完成你对未来职业的承诺。

戴上那顶隐性的侦探帽，你开始扮演侦探的角色，为你的未来职业寻找可能的线索。和大多数侦探一样，你到处寻找和收集线索，通

侦探	决策者	设计师
寻找并收集与你的职业设计可能相关的一切线索。	从所有线索中选择出那些确定与未来职业有关的元素。你做出你的承诺。	把选择出来的元素组合在一起,创造出你未来的职业。

过提问来确定每条线索的有用性。必要的时候,你还需要做一些调研。比如,你的朋友说你这个人总是有讲不完的话,而且你很直接,喜欢面对面的交流。作为侦探,这可能是一条不错的线索。

我们任务是顺藤摸瓜,看看重要的线索能否成为有关未来职业的一个确定因素。一旦你仔细研究了你的线索,你就可以换上第二顶帽子,成为一名决策者。这个角色需要决定哪些线索是未来职业的确定组成部分。

还是回到上面的例子上。在你从朋友那里获得线索后,你开始更多地关注自己的日常习性。你发现他们说得很对。你开始确定,花时间与人打交道可能会成为你未来职业的一个重要元素。你回顾了你的过去,发现当你直接与人打交道时,你总是快乐的。另外,你还发现自己并不擅长与机械有关的事情,面对着电脑或大量数据工作时,你会很快感到厌倦。一切都很明了,你决定未来的工作必须能够让你直接与人打交道,与人面对面地交流。

你可以进入第三个角色了——设计师。你要把所有已经确定的因素组合在一起,然后找到能够适合这些因素的具体职业。你在各种各样的候选职业中寻找,慢慢缩小范围,接近你最终的选择。

比如,你获得了下面两个确定性因素(在现实生活中,你获得的确定性因素要多得多):

a)我将把大量工作时间用于与人进行面对面的直接交流。
b)我每天工作的主要内容将放在教学和解决问题上面。

在经过大量研究、思考,并征求了他人意见后,你完成了一份你未来可能从事职业的清单,包括:大学教授、中学老师、公司里的培训主管、乡间俱乐部的高尔夫指导、公共演讲者等。这些职业都符合你所确定的因素。你于是仔细了解每一项职业所需要具备的其他要求，最终选择成为公司里的培训主管。

请记住，上述例子可能会让你觉得职业设计是一件非常简单、迅速的事情，但实际情况是，它可能会花费你好几个月，甚至一年多的时间。

下面该是我们深入了解洛克普特职业设计方法的时候了。

新的角色

每个人在生活中都有意无意地扮演各种角色，比如一个解决问题的能手，一个安静而沉稳的人，一个叛逆者，一个谦卑的人，一个运动员，交际花，研究者，怀疑者，懒鬼，成功人士等等。接受新的角色有时候会对个人的创造性和效率产生巨大影响。

要拥有出色的未来规划，你就需要扮演洛克普特职业设计方法中提到的三种角色：侦探、决策者和设计师。

侦探

在扮演侦探角色时，你要调查任何与未来职业有关的蛛丝马迹。电影里的聪明侦探总能发现幕后黑手，现实生活可不是那么简单。

你需要完成很多步骤。第一步是尽可能多地收集对你有用的潜在信息。因为在这一阶段，你还不知道哪些信息有用，哪些没用，所以你只能先一网打尽。有些信息的重要性非常明显，比如你的性格特征和天生禀赋，它们的重要性就像凶案现场插在遇害者身上的一把带有血迹和指纹的匕首一样。另一些信息的用处可能会比较模糊，比如你喜欢读什么样的书，看什么样的电视节目。还有些信息需要花很大精力才能发现。你需要敞开心扉，检查与自己有关的方方面面，不放过任何一个死角。有用的线索很可能就藏在那些不起眼的地方。

线索

下面的信息都有可能成为你职业规划中有用的线索：

- 你如何思考
- 你在各种情况下如何反应
- 什么是你拿手的,什么是不拿手的
- 通过本书的测试你对自己有了哪些了解
- 哪些事物是你喜欢的或者很容易学会的
- 你的情感和兴趣爱好
- 你在某种具体工作中学习新事物时的积极反应或消极反应
- 你的想法
- 你的目标
- 你的感悟
- 你的梦想
- 你的幻想
- 你关心的事情
- 你的生活观
- 什么能够吸引你,什么让你感到厌烦
- 你的怪癖和特质
- 你的天赋
- 你喜欢干的事情

  你首先需要调查的是你自己。要去关注你的日常生活。什么是你最喜欢的事情,能够让你忘记时间的存在?什么是你很拿手,而其他人又认为很困难的事情?你看什么样的电视节目?你和朋友们谈论什么话题?在职业设计过程的后期,你会扮演侦探的角色来调查各种可能适合你的职业,寻找线索,看看哪些职业能够符合你的具体要求。

  请注意,你不能仅仅依靠于本书的调查作为你唯一的线索来源。这些调查只是让你开始关注自己,你还需要从更多方面了解自己。并不是每个人对自己都了如指掌。很多时候,我们对自己一无所知。正因为如此,你会需要一些外在的指导,一些外在的信息源——比如朋友、家人、同事、老师、老板,还有其他能够对你有所观察,并提供信息的人。

  有些线索最后被证明是没用的。如果你是一位普通的美国年轻男子,喜欢观看体育比赛,谈论体育、女人和电脑游戏等等话题,这些信息虽然属实，但可能毫无用处。这些线索只能说明你所属的某个特定群体的共同特征，并不能代表你的独特性。

多年前，当我在为自己进行职业设计时，我发现我最喜欢观看"超级杯"（Super Bowl，美国国家橄榄球联盟的年度冠军赛）的原因在于它的广告——不仅仅是为了找乐子，而是对这些广告品头论足。所以，对我而言，"超级杯"是一条有用的线索。在我仔细研究这条线索后（我开始关注我自己），我发现我对很多事情都会发表意见。在餐馆里，我会对菜肴和服务给予点评；在看电影的时候，我不会放过影片中的任何一个瑕疵；在与别人交谈时，我总是在捉摸一些言外之意和潜台词。

我决定设计一份职业能够让我每天都发挥我喜欢"挑刺"的天赋，这就是——教育他人，提供专业培训，研究新的方法，以及撰写你正在阅读的文字。你看，就是这样：最初的线索仅仅是我喜欢看"超级杯"，结果变成了我职业设计中最重要的内容。

到哪里去寻找答案

有时候我们是在错误的地方寻找答案，结果徒劳无功。所以，当你在扮演侦探，寻找答案时，一定要先花一点点时间弄清楚你的答案来自何方。还好，你总共只有三个地方可以寻找答案：一个是你的内在世界，另一个是你的外在世界，如果这两个地方都没有答案，你还可以到你的虚构世界中寻找答案。

有些人只习惯于从自己身上寻找答案，还有些人则到周围的世界中寻找答案。至于第三种方法，很少有人会尝试为某个重要的问题创造一个答案。但这个被我们忽视的方法，却可能是最有效的。

观察你自己，的确可以回答很多问题，比如你的习性、喜好、性格、想法、需求、希望、梦想、理想、要求、经历……"我最喜欢什么？""我这个周末想干什么？""我在电脑前能工作多久？""工作必须包括旅行，这一点对我有多重要？""我对目前的管理体制有什么看法？"这些问题，都只能通过观察自我才能回答。

观察你身外的世界，你能得到一些需要调查才能获得的答案，比如"物理治疗是不是一个正在兴起的行业？如果我成为理疗师，可以挣多少钱？这个行业还有什么附属行当？从事这个行业需要接受什么样的教育？"

真正充满挑战、充满甜蜜的生活来自于第三种答案，就是为自己创造答案。那些伟大的科学家们在发现某个科学定律时，就是这样做的。

很多年前，当我在设计我现在的职业时，我知道我非常希望自己的工作能够让人们的生活有所不同。这是内在答案。但是通过各种渠道反馈回来的外在答案却显示，"这不可能成功。你永远不可能依靠帮助他人来谋生。现实一点吧！"矛盾之中，我创造了我自己的答案："我要两者兼具——既要获得帮助别人改变生活的成功感，又要在经济上的成功。"

决策者

现在你已经收集了足够的线索，对那些最强的线索展开了调查，提出了很好的问题，并找到了你的答案，你已经可以回答"哪些因素将成为我未来职业的组成部分？"当你回答这个问题时，你已经在扮演决策者的角色。

决策者
把线索变成职业设计中的确定因素（做出承诺）

作为决策者，你的工作是对你未来工作的一些具体元素做出明确承诺。

回答这个问题："什么是我未来工作的确定元素？"

不是　　可能是　　是的　　确定的职业设计元素

肯定某条线索就如同怀孕检验一样，要么百分之百肯定，要么完全否定。你不能有85%的肯定。假设你正在绘制你未来职业的蓝图。你发现自己喜欢在人群前讲话，也对写作充满激情。这是很好的线索，但它只能算是一种激情，一种兴趣，而不能算是一种确定的承诺。

宣布自己的目标，然后采取必要的行动实现自己的目标，这是很多人成功的秘诀。要做到这一步，你确实需要发自内心，需要有承诺，有坚持，愿意让自己从人群中站出来，成为一个有些独特的人；你需要承诺给自己圆满的生活，需要坚持完成你的设计，直到它完全成形，成为你每天生活的一部分。

为什么不是每个人都能做到呢？因为要掌握自己的人生是一件比随波逐流要困难的事情，它需要你付出。你不能跳上火车，就希望它能自动把你送到目的地。你不能仅仅是口头承诺，就期待所有事情都神奇地朝着你期待的方向发展。你要心甘情愿去做任何事情，让你的宣言变成现实。

做出最好的选择

在未来职业设计中你需要用到的另一个工具就是如何做出决定。在你人生的初期，确切地说在你十几岁时，你就会形成你做出决定的方式，因为你发现这样的方式对你有用。久而久之，习惯成自然。你把原材料，也就是你收集到的线索，放到你的加工线上，最后从生产线上出来的成品，就是你的决定。

有些决定相对来说比较容易。如果你在侦探阶段付出了110%的努力，等到你成为决策者时，很多决定会变得轻而易举。不管任何时候，只要你还有疑问，你就应该回去做更多侦探的工作。

如果你希望能够找到一种更有效的方式来做出决定，你要做的第一步就是观察你现在的方式。我一般都是凭借着纯粹的激情开始，想象某个决定将带来的所有积极结果。然后，我开始产生疑虑，开始理性地审视整个局势，广泛展开研究，做出决定。

我的一位朋友则和我不一样。她会首先就各种因素展开逻辑分析，列出数据表，然后询问每一个她认识并尊敬的人，再回到自己的分析上，并最终做出决定。还有一个朋友，他似乎每次都是凭着自己的胆量，很少做什么调查研究。

下面，我们来介绍几种最常用的方式。看看哪一种是你所信任的做法。

- **逻辑、分析、常识**。使用这些手段的人把他们的做法描述为理性的、谨慎的、适当的、平衡的。一种常用的做法是把自己考虑范围内的职业进行比较，把这些职业的优点和缺点列出来，估算总分，看看哪一个职业的分数最高。这样的做法可能非常具有逻辑性，但是真正操作起来却不见得最有效。现实总是比纸上谈兵要来得复杂。

- **感觉、欲望、激情**。有些人喜欢依赖他们的感觉、情绪、印象和态度来做出决定。拥有激情四射的生活当然是一件非常棒的事情，但是让你的激情统治你的生活就意味着你人生的火车处于无人驾驶状态。这辆没有刹车的火车正从山上冲下来！激情和欲望是很好的仆人，但却无法成为出色的主人。

- **浪漫的向往**。有些人会陶醉在他们从事某种职业的身影中不能自拔，就好像他们在幻想自己和梦中情人谈恋爱一样。他们在美梦中驰骋，想象自己沉浸在未来的迷人光环中。他们认为那些劝说他们回归理性的人是在破坏他们的美梦。

- **内心，直觉**。"如果它能和我产生共鸣，我就知道它是对的。""我遵循我的内心选择。"喜欢这样做决定的人通常对他们的内心并不清楚，但这的确是一种非常普遍的决策方式。当我问人们，他们的共鸣到底在哪里时，他们也说不清楚。当我问他们，如何知道这就是最好的决定时，他们说他们就是知道。如果这是一个事关生死的决定，你还会首先选择这种方式吗？

- **外在资源**。很多人在做出人生重大抉择时，都会听从外来的建议，包括父母、专家、朋友、媒体、书本、职业顾问的。不过，不管你做什么，千万不要因为只是让母亲开心，你就去当医生。每天早上起床去上班的是你，而不是你母亲。没有人能够比你更清楚你自己，也没有人会比你自己更在乎你工作的好坏。

- **顺从或反抗**。你是否经常会随大流，会去接受眼前的一切呢？

或者你经常会站到反对者的立场上？如果你经常会做出顺从或反抗的举动，那你实际上是完全被外在力量控制了。如果某人想让你坐下来，而你是个叛逆者的性格，那么他所要做的就是告诉你不许坐下。

- **随意**。选择什么样的工作都可以。听天由命。靠掷色子来做出决定。选择注册排队人数最少的专业作为自己的学习专业。
- **应该、不应该和但是**。人们常常会被迫去做各种他们不愿意做的事情，因为他们的头脑中有一个小小的声音告诉他们，什么该做，什么不该做。对任何看上去有危险的事情，这个声音都可能举出一大堆拒绝的理由。

自由选择

上面各种方式的通病就是它们都在最后决策阶段忽视了一个重要人物：你自己。如果你使用逻辑分析的方法，那么做出选择的是逻辑，而不是你。如果你相信自己的感觉，那么决策者就是你的感觉，而不是你本人。使用这些方法并没有什么不对，可能在很多情况下，它们都是十分有效的。当你对自己的选择没有百分之百的把握时，还有一种做法你可以尝试，就是自由选择。我所说的自由选择是不受固有思维模式限制的自由选择，或者说是在深思熟虑后做出的自由选择。

这种自由选择的方法，唯一的中心思想就是你。在自由选择时，你可以首先运用自己相信的任何方法来处理，然后再尝试那些你并不习惯的方式。你可以去征求他人的意见或指导，你也可以运用逻辑分析，和一些具有远见卓识的朋友一起来探讨你的问题。你还可以跟随你的感觉，抛开内心那些"但是"的噪音。

如果你经常跟着自己的感觉走，那你就去做做实用性和分析性研究。如果你倾向于逻辑思考，那你就尝试一下深入到自己的感觉里。如果你喜欢从外界寻找答案，一定要记得关注自己内心潜在的声音、感觉和顿悟。深入探寻所有这些方面，尽可能从各个角度来寻找你的潜在选择。

换言之，你将成为一名全能专家，对你所面临的问题拥有充分了解。然后，在试验了各种方式后，你开始自由选择，大手一挥，宣布:"我要那个。"通过这种方式,你能够考虑到方方面面的观点,包括那些你不注意的方面。而最后做出决定的,不是别人,是你自己。

"但是,"你可能会说,"这个选择是基于什么做出的呢?似乎我这样做完全是在做一种随机性的选择。"事实上,情况恰恰相反。这种做法恐怕是所有方式中,最不随机的一个。随机性的选择就好像是在扔硬币,你不知道会拍到正面,还是背面。但是自由选择则不同。因为你在此之前已经检查了其他各种方式,并且从各个角度对问题进行了思考。所以,当你伸出你的手指,说出"我要那个"的时候,这实际上是一个你根据所有重要的思考做出的自由选择。

这种自由选择的方式听起来可能有点不寻常,但是在你做出一个决定前,去检查一下那些通常被你忽视的方面,确能让你受益匪浅。

调查 10-1   练习自由选择

1. 注意你现在做决定的方式。 看看人们在做决定时都会用到哪些方式,再看看通常你自己做出重要决定时,喜欢用什么样的方式。

2. 针对你要解决的问题多方面了解信息。 自由选择的秘密并不在于"自由",而是在于它是"经过深思熟虑后"做出的。还没有把该掌握的情况了解清楚就急匆匆地做出重要决定,是愚蠢的。

下面让我们看看你该如何运用这些方法,来助你找到最佳选择。

● **逻辑、分析、常识。** 阅读所有适合的材料,找到所有能够被你使用的内容。成为你所关注的问题的专家。

找到你想从事的工作领域的行业杂志,阅读近一两年刊登的所有内容。

还要阅读相关的书籍。

列一份问题清单,注明你在做出决定时需要回答的所有重要问题。

列一份有利方面和不利方面的清单。

充分利用你的电脑帮你分析结果。

做一些深入的职业测试,来评估一下你的才能和性格。

第10章 ➡ 行动：设计你的职业（第4步）

- **感觉、激情、倾向、喜好、共鸣、浪漫渴望。**

注意你在面对不同选择时的感受。

哪些选择是你倾向的？

哪些选择是你试图说服自己接受的？

如果你是那种一见到新的就激动的人，你可能过了一个月又会产生新的感觉。

如果某件事情让你感到紧张、感到恐惧，你的感觉可能会是一个非常有用的信息，说明你没有做出正确的选择。

如果你趋向于持久地、长期的感情，你可能想要给予这些渴望特殊的重要性。

拥有一种强烈的自然倾向会让你拥有一条强大的线索。但是，记住每天都做同一件事情和梦想做某件事情或者喜欢做某件事情是有本质区别的。美国的缅因州盛产龙虾，这里有很多捕捉龙虾的渔民，但是很少有人喜欢吃龙虾。

- **外在资源。** 询问每一个你认为对你的问题可能有所了解的人。

去咨询一些专家，你需要和很多专业人士交谈。

征求你的朋友和家人的意见，从而形成你自己的观点。

- **反应、反抗、顺从。** 强烈的反应或完全的否定也是很有用的资源。要想了解人们的真实想法，与其问他们喜欢什么，不如问他们不喜欢什么。人们通常都会对自己反感的事情很清楚。

如果你拥有一颗叛逆的心，把它变成你的盟友。人类历史上很多伟大的艺术作品、文学作品或者成功的商业案例，都是由叛逆者出于某种原因创造的。

如果你有一颗顺从的心，注意它是否把你带入某个特殊轨道。你能接受它为你做出的决定吗？

- **应该和但是。** 如果你能意识到，头脑中那些"但是"的声音，那些"应该"和"不应该"的声音，不过是在为你提供更多的信息，而不是在说明唯一的选择或真相，那你就可以把这些噪音变成你的盟友。每次当你的考虑出现错误时，它们就可能在你的脑海中发出警报。它们能够提出实用的、直接的建议，哪怕是反对的建议，也会对你有价值。

3. **做出选择。** 在你收集了各方意见后，你就走到了悬崖边，到了决定的时候。首先，你把所有可能都写在同一张纸上。你只需要用手指指向其中一个，然后说："我选这个。"就是这样做的。

制作你自己的明确承诺清单

"我能确定哪些因素将成为我未来职业的确定组成部分"，你的答案就是构建你未来职业的砖石。你的答案必须清楚而有力，能够代表你的意愿。下面有一些例子。

- 我要做的工作需要能够欣赏并依赖我的才能、性格和脾气。我不需要为了好好工作，把自己装扮成另外一个人。
- 在工作的时候我可以到处活动，而不是一直守在办公桌或电脑前。
- 我要做能够改变人们对自身看法的工作。
- 我要做能够关注真实世界中的真实事物的工作。
- 我要做能够产生新的信息的工作。紧跟潮流和不断创新必须被重视。
- 我要做能够设计不同领域和资源的各种信息和思想的工作。
- 我的工作需要有一系列的步骤可以遵循，同时能够给予我足够的空间，让我去创造、想象和创新。
- 我不会为一个功能不健全的公司工作，一个只注重利润、而不关注员工生活质量的公司。
- 我要做能够把复杂的事情简单化的工作。
- 我要管理一群人。
- 我要做市场销售方面的工作。
- 我要成为一名艺术家，一名美丽的创造者。
- 我的工作将让我在落基山脚下的某个宁静乡村生活。
- 我的工作将为机构诊断问题并解决问题。
- 我的工作要每天都能成功解决问题。
- 我希望能够设计解决方案而不是操作解决方案。
- 我的工作要符合我希望能够养育后代的目标。
- 没有老板在我背后偷窥。
- 我的工作要能够给很多人的生活带来积极的、巨大的变化。

- 我要做建构或修复物理系统的工作——比如建筑、机械或者其他类似物。
- 我的工作要有 20–30% 的时间用于收集、整理和分析数据。
- 我的工作要能把我最喜欢的做事方式（通过阅读来研究问题，找到潜在的规律，在脑海中搜索解决方案，发现线索，设计、传授、组织、咨询）用于处理各种内容（不管是人、公司或者其他主体）。
- 我的工作主要包括一些短期项目。
- 与人接触将成为我工作的中心。
- 我的工作不需要用到那些鼓吹和招揽的手段。
- 我将有一半的时间是在单独工作，除非我能找到一个我真正喜欢的伙伴——那样的话我的独自工作时间可以缩短到四分之一。
- 没有资格和学历的要求。不过有必要的话，我会再选修一些课程。
- 我要做能够骄傲并快乐地告诉朋友们我在做什么的工作。
- 我要做我能够有很大掌控权的工作。
- 我要做一年至少能够挣到 25 万美元的工作。
- 我要做的工作每周最多一天要求正式着装，在大部分时间我都能穿休闲服饰。
- 我的工作环境需要是很随意、放松、友善、有趣的。

设计师

作为你未来职业的设计师，你把那些你已经明确的未来职业拼图构件收集起来，把它们组合在一起，变成最终的图案。

一旦你有了一份符合你期望的职业清单，你就可以返回到侦探的角色，开始逐一调查清单上的每一个职业。看看它们还有什么其他特征。在此之前，你的大部分工作都是以你为中心的，现在，你需要把视线向外转移，去看看现实世界中这些工作的真实面貌。

随着你对这些工作了解的增多，你会发现一些有用的新线索。没

设计师

作为设计师,你的任务就是把那些要成为你未来职业确定组成部分的因素组合在一起,调查符合条件的所有职业,然后缩小你的范围,直到最终找到最适合你的那个选择。

需要调查的职业清单
列一份清单,把符合你的条件的职业都写在上面。

调查这些职业,不断缩小你的选择范围,不断提出问题并找到答案,直到你可以做出一个最终的决定。

有什么比现实世界本身更能够让你分清什么是幻想,什么是现实的了。

有些职业的排名会下跌,有些会直接被你从清单中删除,还有一些则会上升到顶端。随着你对一份职业了解的增多,你也会更加了解你自己以及你的需求和想法。你不断地缩小你的选择范围,一步一步靠近最终的答案。

第 11 章　坚持，解决问题，调整

人们放弃的项目不计其数，原因就在于缺乏坚持，缺乏解决问题的能力，缺乏及时调整行动，缺乏保持正确方向的能力。

坚持

在人类的历史长河中，那些做出过杰出贡献的男人们和女人们总会被问到他们成功的秘密。在各种各样的回答中，有一点被很多人反复提及的，这就是坚持的力量。

- 知难而进方化险。——罗伯特·福斯特（Robert Frost，美国诗人）
- 人生的很多失败都是因为那些选择放弃的人们不知道他们离成功仅仅一步之遥。——爱迪生（Thomas Alva Edison，美国发明家）
- 如果你正在经历地狱，继续走下去。——丘吉尔（Winston Churchill，英国政治家）
- 我知道成功的代价：奉献、苦干和为了理想的无限投入。——赖特（Frank Lloyd Wright，美国建筑家）
- 让我告诉你我能实现目标的小秘密：我的力量完全来自我的坚持。——巴斯德（Louis Pasteur，法国化学家、细菌学家）
- 能量和毅力可以征服一切。——富兰克林（Benjamin Franklin，美国科学家、政治家）

的确，有些人的毅力是天生的。好在，我们这些天生毅力不够的人，也可以通过后天的努力来得到锻炼。这并不像我们想象得那么难。我们的目标让我们的毅力成为一种自然力量。做到这一点，其实很简单：

如果中途停止，就再次发动。
如果速度放缓，就赶快加速。
如果偏离轨道，就调整方向。

当我们遇到困难时，我们倾向于把生活复杂化，要么停下来查看我们的伤口，要么重新回到我们制图板面前，还没有来得及研究一下问题到底出在哪里，就开始设计下一个计划。不管是哪一种方式，我们都要花很长时间，才能重新开始行动。

如果被迫停了下来，比较好的办法就是继续前进，哪怕你并不知道这是否就是最好的选择。行动能带来向前的力量，能够支持你更好地解决问题。

调整

当我们遇到阻碍时，一种常见的态度就是改变目标，我们没有发现，这样做实际上是为了追求眼前的舒适和轻松而放弃了未来的梦想。学会调整，就能让你有效避开困难和阻碍，而不至于被撞得头破血流。通过调整，你可以保持前进的方向，不至于改变你的目标。

第 12 章　完成你的计划，开始庆祝

所有的计划都要经历一个从开始到完成的周期。在每一个周期中，我们都有自己喜欢和不太喜欢的阶段。有的人喜欢初期的创造性阶段，而另一些人可能更喜欢细节和解决问题的阶段。但是很少有人能够熟练地处理整个过程的最后一个阶段——完成阶段。

我们总是不知道该如何卸下身上的任务，不管是已经成功完成的，还是无法完成的。想想有多少事情是你没有完成的：一段至今让你无法自拔的感情，虽然那个人早已不在你身边；还有那些早已被你放弃的计划；那把被你束之高阁的吉他。背负着自己的过去一起走向未来是一件非常费力的事情。

当你带着过去的点点滴滴，不管有用还是没用，一步一步走向未来时，你的力量会一点点丧失。之前我们已经介绍过，"力量"是能够让你快速完成成功循环中各个步骤的能力。再没有什么，能像一大堆未完成的计划那样，使劲儿把你往后拖了。

尝试一个试验：把你生活中所有没有完成的事情列出一份清单，包括过去每一件令你头痛的事情。把那些你从来不穿的衣服、从来没看的杂志、从来不使用的东西统统处理掉。把断了弦的网球拍补好（或者把球拍送给某个真正喜欢打网球的朋友）；给你曾经的恋人打电话，弄清楚你们为什么会分手，说出你的感受，为你曾经的鲁莽和固执道歉。如果你能把所有拖你后腿的事情都解决掉，你会感到全身轻松，即便你感到自己仿佛拥有了整个世界也不足为奇。这并不是什么神奇的力量，这是常识——背负的物品越多，消耗的能量就会越多。

此外，已经成功但却没有做好收尾工作的事情同样会给你带来不便。我的一位客户就有这样的经历。她在系主任的帮助下，成功考上了研究生。但事后，她却没有好好谢谢她的恩人，甚至对方给她安排

的一些任务，她也没有去好好完成。后来，她找工作需要一封系主任的推荐信，但是她却不敢去找系主任，因为她自己也觉得不好意思。结果她付出的代价就是与理想的工作擦肩而过。

即使你已经实现了你的目标，你的整个项目也不会自动结束。你得到了你想要的，但是你还需要一个干净的收尾。完成你的计划，不论是成功的，还是失败的，都要有一个了结。没了过去的那些包袱，很快你就会发现你的生活变得轻松了很多。

调查 12-1　　完成计划

1. 评估你的计划实现状况。
问自己一些与计划有关的问题：

- 你实现你的目标了吗？
- 你对现在的结果满意吗？
- 如果你得到的结果和最初的计划有所不同，它是否还能满足你第一位的需要？
- 你的计划安排有效吗？
- 有什么经验可以学习，能够有助于你实现下一个计划？
- 你有没有在中途改变目标？你的策略调整奏效了吗？
- 在整个过程中有哪些突破？又出现了哪些过失？
- 你碰到了哪些困难？你是怎么处理的？
- 还有什么事没有做的？
- 还有哪些承诺没有完成？
- 要完成项目计划，你还需要做什么或说什么？

2. 做你需要做的事情。 你可能还需要做一些事情来完成你的计划，比如说，对曾经帮助过你的人表示感谢。仔细想一想，看看你还遗漏了什么，一定要把一切安排妥当，收拾干净之后，你才能开始下一个计划，不至于把垃圾背到未来。

3. 完成你的项目计划。 如果你已经完成了之前的所有步骤，你最后要做的一件事情就是宣布你的项目已经完成。该是你庆祝的时候了！这可是一个狂欢的好借口！别犹豫啦！

第三单元

➡ 问题与障碍

第 13 章　为什么人们得不到他们想要的东西

这不仅仅是因为人的欲望永无止境，还因为我们在面对困难时，往往束手无策。

绿色蟋蟀

在迪斯尼的动画片《木偶奇遇记》中，爱撒谎的木偶皮诺曹身边总有一只绿色的蟋蟀。它代表了皮诺曹的良心，总是建议皮诺曹去做正确的事情。很可惜，你看到这只不是。让我们来认识一下你的这只"绿色蟋蟀"。

你的这只"绿色蟋蟀"是我对那些所谓的传统、规则的称呼。作为现代人类，你身上汇集了人类发展的智慧结晶，你熟练掌握的各种技能会让我们的先辈相形见绌。但从外表上看，你和先人们并没有太大不同，你同样具有他们赖以生存的行为特征。然而时代在发展，那些自古沿袭下来的行为并不总是有用的。事实上，它们正是我们难以如愿以偿的重要障碍。

那些过去的声音至今仍在我们耳边回响，它们对我们生活的影响超出想象。每当你开始考虑向新的领域迈进时，趴在你肩上的那只"绿色蟋蟀"就会发出响亮的叫声，提醒你这条路行不通。一旦你的大脑发出信号，认为某事是冒险的、未知的，来自远古的自我保护模式就会引导你远离它。

为什么你不是詹姆士·邦德？

在巨大困难面前势不可挡的人，往往是电影和小说中的虚幻角色，例如以冒险为生的教授印第安纳·琼斯和超级间谍007。可惜现实中，这种人并不常见。现实中的普通人，则常常会面对困难停滞不前。

想想恒温器的工作原理是什么，就是使一切保持原状。自然也好，人类也好，都有同样的运行模式。例如，人的正常体温是36.5－37摄氏度，这是身体设置的。如果你体温上升，身体健康机制就开始发出"运行错误"的警告，并由此展开一系列行为，例如出汗，让体温恢复正常。如果你在严寒季节落入湖中，身体的另一套预警机制会随之启动，例如战栗，促使体温恢复正常。如果这些方法都不起作用，体温继续降低，更激烈的反应会出现，例如阻止血液流向身体的末端，诸如手指、脚趾和鼻子。

这种使事物保持恒定状态的能力叫做体内平衡，是生物调整体内环境，保持稳定、平衡状态的一种特性。

我们还具有一套更为复杂的心理机制。我们每个人都有某种身份是自己认可的——"我是这种人，而不是那种；我相信这个，不相信那个；我可以做这些事情，但有些则不能"。这些东西其实与恒温器的工作原理非常类似，也是确保人类生存状态稳定的"仪器"。一旦我们考虑的事情超出了我们的过往经验和日常生活，我们的"绿色蟋蟀"就会发出噪音，以示警醒。

我认识一个现实生活中的"兰博"（美国影片《第一滴血》的男主人公）。他曾经在深夜潜入哥伦比亚的一个村庄，悄无声息地割断了一个黑帮老大的喉咙，这对于他来说并不是什么恐怖的事情。但多年后，他发现自己害怕与一个女人建立起某种更为亲密的关系。这个例子很好地说明了我们的大脑是如何运作的。"兰博"的工作是他日常生活的一部分，即便是在杀人时，大脑也不会拉响警报。但是亲密关系对他来说是全新的、未知的，因而也是可怕的。

生存机制的智能化程度并不高，却会影响你的一生。它所遵循的原则十分简单：过去的经历证明，你得以生存下来正是因为你做的都是你习惯的事情。任何不同于以往经验的事情都是危险，都是对生存的威胁。对于居住在山洞里的原始人来说，这套机制非常有效，因为他的生活非常简单，他们应对的威胁就是时而出没的野兽。

但对现代人来说，这套机制已经不合时宜。在现代社会中，变化往往意味着发展。如果你想得到超凡的生活体验，想找到最适合的工作，获得非同一般的成就感，那么，跨过舒适、熟悉的地带，进入新的冒险领域，就是你必须掌握的技能。

是的，但是……

每当你要越雷池一步时，你的脑中就会有个声音提醒你，为什么你不该这么做，为什么这样行不通，为什么这是危险的，为什么你应该按照原来的方式行事。那只"绿色蟋蟀"会模仿你的声音告诉你："期待什么完美工作是天方夜谭。我凭什么奢求能够得到比大多数人更好的生活呢？"

花几分钟想一想，看看你的脑海里是否也曾冒出过"是的，但是"。下面就是一些典型的例子：

- 我太年轻了，太老了，不够聪明或太聪明。
- 我投胎投错了性别。
- 我的肤色可不太好。
- 我永远也进不了一流的研究生院。
- 这里的环境好像一个花瓶把我困在里面，我对此无能为力。
- 我不是个爱冒险的人。
- 我不够专注。
- 假如我能做决定，我也很难决定该做些什么。
- 工作本来就不是用来享受的，所以它才叫工作。
- 我死定了，最好还是放弃吧。
- 我害怕，这说明我不该继续往前走了。
- 我过去/现在/今后都不曾也不会有什么好机遇。
- 我意志力不强。
- 我有逃避的习惯。
- 我不能干我真正想干的事情。
- 我真的试过了。这不是我的错，真的！
- 我没有足够的钱。
- 我的天赋不足。

- 我不能按我想的做，因为有趣的工作通常不太挣钱。
- 我是个敏感的艺术家。我不能从事有规律的工作，因为我看透了这陈腐、愚蠢的物质世界。
- 我想帮助人们，但在这个冷酷的世界里，只有律师才是最后的赢家。
- 年复一年的辛苦工作，这可不是我的风格。
- 我有着致命的缺陷，是不会成功的。
- 我是个移民，我英语不好。
- 我要是早点出生就好了。
- 我受的教育过高或不足，拥有的经验太多或太少。
- 我刚毕业，他们没有教我该怎么做。
- 我没上过大学，我上的大学不好。
- 我选错了专业。
- 我的学位在今天的求职市场上毫无用处。
- 我的技能太古老，过时了。

你是否意识到这些"是的，但是"了？我们离惯常的道路越远，这些警报声就越大。这种内在平衡机制并不是我们的敌人，它想做的不过是确保安全。只不过，它对于"安全"的定义是建立在过去的基础上，不会超越旧有经验的范畴。

有些"是的，但是"是情绪，而不是思考。当我开始考虑尝试进入某个全新领域时，我总会胃疼。那只"绿色蟋蟀"会告诉我，害怕就意味着应该停止，退出，不要前进。可是你看今天的人们，他们玩那么惊险的过山车都不害怕，所以恐惧根本不是本质问题。真正的问题是来自你内心的声音："我好害怕，快停止吧。"

自动导航

"是的，但是"是人类各种自我导航行为中的一种。事实上，我们做的每件事情几乎都是一种习惯行为。

在多数情况下，自动导航可以确保我们把精力集中在更重要的事情上去，而不必纠缠于生活中的种种细枝末节。假如每次开门、开灯、刷牙、发动汽车引擎都必须依赖于思考的话，那么我们的生活就会变得一团糟。

"我的生活到底在多大程度上依赖自动导航"，这是个好问题。一个更好的问题是"我的生活有多大的部分不依赖自动导航"。如果你花一个小时来注意观察自己的生活，你会发现绝大部分行为都有赖于自动导航系统——饿的时候就吃，痒的时候就抓，电话响了就接，受到批评了会辩解。

部落

和我们的祖先一样，我们都被动物学家称作群居动物。在古代，我们分属于不同部落，今天，我们的思维、价值观和行为准则仍然受到诸多群体部落的影响。

假如你生长在美国，那么你所属的部落就是"美国人"。作为一个美国人，你所属部落的价值观、观点、风俗、信仰、恐惧和行为都会深深影响着你。你在不知不觉中就吸收了这些。比如，你无法选择自己该说什么语言。在美国人这个部落中还有很多小部落，例如纽约人、非洲裔美国人、拉美裔美国人、天主教徒、犹太人等等。那些让你感觉陌生的人很可能就是属于其他部落的人，因此他们对你而言是陌生的、难以理解的。你还属于很多更小的部落，例如身边的朋友圈子、校友部落、公司部落和你的家庭。

你所属的每个部落都会对你的行为和观点产生影响。当罗纳德·里根（Ronald Reagan）在任总统时，几乎所有的共和党人都支持而所有的民主党人都反对他的"星球大战计划"（一个试图拦截进攻导弹的防御体系）。两大部落的成员都坚信自己的观点正确，而且多数人都认为他们是经过独立思考才得出的结论，但这是不可能的。如果人们果真都是独立思考的动物，那怎会形成如此壁垒分明的两大阵营呢？事实上，每个人的观点都是来自他们各自所属的部落。我们被自己的部落观点催眠了。

每个部落都有自己的风俗，一些部落的风俗对其他部落来说难以理解。例如，在古代生活在巴尔干半岛东部的色雷斯人，实行一夫多妻制，当丈夫死去，他的妻子们会争相陪葬，因为这是一种荣誉。现代人对此很难理解。

择业也是一样。你的家庭、你所处的文化和国度，这些不同层面的部落几乎对每件事情都有着某种固定成见，其中也包括职业。

在我自己的家庭中，传统家教告诉我销售和娱乐业是不能碰的禁区，任何"肮脏"的、冒险的工作都不好。在上个世纪的美国，有很多女性放弃了自己的梦想，因为她们的家庭认为护士、教师、秘书或者家庭主妇才是女性的首选职业。幸运的是，今天的"美国人"部落已经大大扩展了女性的择业范围。不过，她们仍然面临一些障碍，想想看，美国参议员中有多少女性？著名的吉他演奏家中又有多少女性？

在美国，人们选出了少数"最佳"职业，数百万的人都想投身其中，但是，只有适合你的职业才是真正的"最佳"职业。如果不适合，那么你每天的生活就是从事一份外表光鲜的工作，内心却痛苦无比。部落的传统是确保安全，但是，安全通常意味着保持原状。

也许此时此刻就有某种力量牵引着你，要你扔下手中的书，忘记我所说的话，按照自己部落的惯例选择一份工作。否则，你很可能会感受到来自外界的压力，你的朋友和家人会觉得你的行为有些怪异，选择一份工作需要这么麻烦吗？

第 14 章　解决问题 101

人的大脑远远比猫的大脑发达，这不是没有原因的——越是有能力解决问题，在弱肉强食的世界上生存下来的概率就越大。这一点尤为重要。

现代人类之所以能够走到今天，正是因为我们从进化的第一天开始，就在学习如何解决问题。但是，我们也存在这样一种倾向，就是先入为主，总是采用第一个跃入脑海的方法来应对各种不同的问题。

所以小时候的习惯常常会变成一辈子的习惯。因为，我们习惯之后就很少会考虑这些方法是否有效。当你 5 岁时，大发脾气就可以得到想要的东西。发脾气看来是个很有效的方法。可是很多人到了 35 岁还在采用同样的方法，却从未考虑它是否合适。其实，和成人相比，孩子的能力有限，难以形成有力、有效的策略，可是我们往往遵从于习惯的力量，忘记了这一点。

解决问题的艺术正是要摆脱表面因素的影响，发现问题的深层原因，然后发现具有创造性的解决方法。可惜这个世界上的很多人，只是在不断地重复自我。他们总是抱怨生活很无聊，却没有注意到自己是在原地踏步。对于自己身上的枷锁，他们总是视而不见。

问题背后的问题

人们之所以会在原地踏步，一个重要原因是因为很多人都傻傻地认为，只要问题解决了，就不会再有新的问题出现。而实际上，生活中的问题总是层出不穷，每当你解决了一个问题，新的问题也就随即出现。

假如你居住在炎热的弗罗里达州，有一辆破破烂烂的老爷车，车里的空调坏了，车内偏偏还有一股死老鼠的味道，面对这样的问题，你选择了存钱买辆新奔驰。终于，新车到手了，可惜一系列的新问题又随之而来。你的好朋友是个烟鬼，所到之处都会留下烟灰，他经常搭你的顺风车。过去，你不介意他把烟灰落在你的老爷车里，但是现在你却不知该如何做才能不让他把烟灰落在你的新车里，或者干脆不让他搭你的车。你工作的街区也不安全，过去你不会担心你的破车，但是现在你不得不把它停得老远，还时刻担心有人在你的宝贝身上玩"刮刮乐"。你看，你根本无法解决所有的问题。在现实生活中，问题永远都存在，只不过是老问题换成了新问题而已。

问题从何而来

人类不但能解决问题，还能创造新问题。理想与现实之间的差距正是问题的由来。当你有了新的想法、新的梦想，你也就会有新的问题。

快速获取成就感是一种能力，这种能力其实就是用新问题取代旧问题的能力。

调查 14-1　　我与问题的关系

这是本书中最简短的调查——但是并不简单。请你从下列三个选项中选择一个，并保证按此行事。

- 我希望今后遇到的问题和我过去遇到的都一样。
- 我发誓我喜欢问题，要用我的活力与热忱解决问题，同时寻找更多的、更好的问题，把它视为创造性的挑战，尊重它们就像尊重我自己的生命一样，假如我没有按照自己的誓言行动我一定加以改正，并保证在我今后的人生中继续这样做。
- 我不能确定，需要更多时间好好想想。

问题的来源是什么——内在还是外在？

很多问题似乎都来自于外部世界，而我们又不得不面对，其实不然。假设你想在暑假去泰国旅游，而你的父母却不愿承担费用，看起来好像是外部世界给你设置了障碍，但假如你换个角度看问题，反而能从外部环境中汲取新的力量。

只要你从内在来看这个问题，各种可能性也随之出现。比如，你可以学习一种与父母沟通的新方式，而不是采取撒娇或恳求的手段来从他们那里得到你想要的东西，这种撒娇或恳求并非真正意义上的沟通。你还可以变卖自己的物品，推迟旅程直到你攒了足够的钱。当然，你也可以尝试其他方式，例如买最便宜的机票，住青年旅馆，为旅行杂志撰写游记，向某个有钱的朋友借点钱。只要你愿意尝试，就有无穷无尽的可能。由此，你可以学到新技能，超越旧有的经验。

日本的汽车和电子产品今天以高质量而闻名全球，但是在二战后的最初几年，日本产品的形象并不好，多半是廉价品。后来，日本全国上下树立了一个共同目标，要实现经济转型。他们找到了美国的戴明博士（W. Edwards Deming，世界著名的统计管理学专家和质量管理专家）——这是一个使日本发生根本改变的魔术师。他帮助日本生产出令人惊叹的高质量产品，其中一个主要原则就是找出问题的根本原因。他说，管理者多数时候都会把问题的原因归结为外部环境中的"特殊因素"，例如坏天气或激烈的竞争等。其实，几乎所有问题都可以通过寻找"内部因素"得以解决，内部的、常见的事物才是问题一再发生的根本原因。

问题解决不了怎么办？

人生不可能事事顺心。再有本事的人，也会碰到愿望无法实现的时候。

如果你无法如愿以偿，那就随它去吧。最糟糕的情况是无法释怀，时刻背着这个沉重的包袱。放弃并不是屈服，而是让自己能够拥有更多的选择。

不过在多数时候，我们不该轻言放弃。无论困难多大，坚持往往是最明智的解决方式。在决定该继续还是该放弃时，你尝试了多长时间是做出决策必须考虑的因素之一。假如你想成为一名演员，并努力多年，但现在你所能扮演的不过是"士兵甲"，放弃演员的梦想也许是个明智之举。不管怎样，在你尝试10次之前，别放弃自己的理想。

解决问题

一些基本原则能够帮你解决现在和将来面临的各种困难。

觉醒

对于生活中不需要创造性的领域，前面所提的自动导航模式的确非常有效，但是对那些更大的、更为重要的问题，它就不起作用了。

"我一直都是这样做的。"这是自动导航模式最好的托辞。但假如你摆脱了自动导航的影响，你可能就会想到："等等，等等。这是疯了。为什么我不能为自己争取理想的工作？"让我们来做个试验，看看你的思维是否已经迷失——

调查 14-2　　　　注意力

注意力就是时刻关注事物发展的能力。注意力训练帮助我们保持清醒，活在当下，而不是迷失于思绪之中。这个练习技巧几千年来在全世界被广泛使用，现在依然有效。其目的是让我们关注现实，关注我们自身和外部环境中正在发生的事情。

1. 找一个安静、私密、不受打扰的地方。
2. 把闹钟设定在至少20分钟之后，找一张椅子坐下，保持背部挺直，双手放在腿上。
3. 闭上眼睛深呼吸，呼气——吐气。
4. 从头到脚放松全身。
5. 自然呼吸，不要进行任何控制。
6. 关注自己的呼吸，可以是气流进出鼻腔的过程，也可以是胸部起伏的状态。

7. 你很快开始神游太虚了。当你发现自己走神的时候，将思绪收回，继续集中在自己的呼吸上。

8. 不必刻意控制自己的思绪或呼吸，只需集中精神就足矣。

你可能会发现你的思想似乎进入了自动导航模式，不受控制，四处乱窜。只有当你把注意力集中于自己的呼吸上时，它才会暂时停止。那些经常练习这一技巧的人说，刚开始练习时，很多人的思想就如同"醉醺醺的猴子"。难以想象我们就是用这玩意儿来决定自己的人生大事。

独立思考

> 很少有人一年能真正思考上两三次。而我，一周思考个一两次就已经赢得了世界性的声誉。
>
> ——萧伯纳（George Bernard Shaw，爱尔兰剧作家）

虽然多数人都自以为具有独立思考能力，但前面的探讨和测试已经提醒我们，事实并非如此。个体所属的部落会影响其观念，看似吸引人的职业也许只是符合部落的普遍标准而已。一旦你意识到自己的生活是被别人塑造好后才交到你手里的，你才能够开始寻找属于自己的路，创造自己的生活。

当我们面临一个具体问题时，实际上面临的是两个问题——问题本身和我们通常会采取的解决方法。举例，你想与某个领域的顶尖专家探讨一些问题，传统的方式无非是写信、写电子邮件或者打电话。如果得不到回音，大多数人会就此放弃。而独立思考就意味着寻找创造性的新途径，探索无限的可能。因此，在获取成就的路程中，第一步不仅只是思考"我想要什么"，而是"我想要什么，该如何实现"。探索新的可能性的重要方法之一就是头脑风暴。

如何进行头脑风暴

头脑风暴是产生大量想法、可能性和解答的方法。

1. 思考问题。假设我们的问题是"我该如何与X女士搭话"。

2. 拿出纸笔坐下，或者坐在电脑前面，关键是不断产生新想法，并记下你能想到的各种点子。让你的大脑保持热情、开放的状态。不要理会脑中涌现的"是的，但是"。不要判断、不要纠缠于某一个想法，无论是看似荒谬疯狂的、还是切实可行的点子都要记下来。当你的脑子陷入停滞状态时，给自己发出一些新的指令，如"现在，写一些实际的解答。写一些聪明的答案。再写一些疯狂的答案……"以此来不断超越界限。不要指望你能一次完成，可以过一两天再来一次。至于如何与 X 女士搭话，我有一个很奏效的方法，就是投其所好，送一些对方无法拒绝的东西。

3. 一个人的头脑风暴很有益处，一群人的头脑风暴成效更大。如果你的点子太少，你可以给朋友们打电话。不仅是那些喜爱你的人，也应该有那些不太喜欢你的人；不仅是那些思绪天马行空的朋友，还有那些脚踏实地的朋友。请他们提供各种各样的点子，而不是所谓最明智的建议。请他们了解头脑风暴的游戏规则，不要评论，不要判断，不要指责，不论这些点子看来多可笑、多不切实际。

4. 当你收集到足够多的想法后，你可以把它们整理成清单，挑出好主意，扔掉没用的，但是别扔掉那些有意思的想法，即使看起来很极端。你还可以写下原因，解释"为什么这些点子是有用的，而另一些是无用的"。很多人这样做之后发现，放弃的真正原因是自己的恐惧，是他们觉得自己根本不可能做某件事，而不是点子本身不可行。

对上述内容做进一步的扩展与整理，最好的点子往往并不是最显而易见或最实际的方法，反而是那些疯狂而勇敢的想法。

和不同人探讨

摆脱习惯思维的束缚，还需要他人的帮助。和不同的人进行探讨，获得他们的反应、想法和灵感。向世界顶级专家请教，而不仅是你的室友。你要做的不是从聪明人那里找到答案，而是向专家学习以形成你自己的观点，找到最好的解决之道。如果你只和很少的人讨论问题，你的视野也会变得狭窄，难以形成自己的观点。假如我想成为一位海洋生物学家，我至少要和十几位这一领域的专家交流，以获得更广泛的观点。同时请他们推荐其他对我有所帮助的人选。

专注的力量

解决问题的最大力量就是一旦做出承诺就坚持到底，决不食言。如果你抱着"试试看""也许成功也许失败"的态度面对问题，你的意思实际上是"环境决定一切，我没有真正解决问题的力量"。全心专注才能赋予你无穷力量。

勇气

要对所谓的标准答案说不，创造自己的未来，这一切需要勇气。对抗"是的，但是"的理由也需要勇气。勇敢不是一种感觉，一种情绪，而是按照你的决心坚持做下去。在面对困难时，你的选择要么是坚守誓言，要么是屈从于当下的感受。事情就是这么简单，但难也难在这里。

控制"是的，但是"

调查 14-3　　　　我的"是的，但是"

把影响你的"是的，但是"都写下来。想想过去当你面临重大决策和全新尝试时，你是否听到了反对意见，你最担心的是什么？

了解你自己的生存系统是如何工作的，哪些"是的，但是"把你牢牢锁在原地？当你跨出熟悉、舒适的地带时，什么东西会首先跳出来反对？要记住情绪也是一种"是的，但是"，例如恐惧。只要你的生存系统提示某事危险，恐惧就会随之出现，但也许你害怕的原因只是因为你从未见过。

有些人的机制会更为敏感，严禁他们越雷池半步；有些人的机制则相对宽松，会允许他们做些许尝试，但一旦当事人认真起来，机制也会开始报警。你可以注意一下自己的生存机制有何特点。

调查 14-4　　　　控制"是的，但是"

1. 当"是的，但是"出现时，看看自己手中的清单，查看是哪一条在报警。看看你能否清醒认识到这是个"是的，但是"的假设，而非事实。

2. "是的，但是"总是对你的想法或计划提出反对，随之出现的信息总是"所以，我应该放弃"。注意把这两个部分分开，例如"要实现这个计划，我必须获得博士学位，所以我还是放弃吧"，把这个想法简化成"我需要获得博士学位"。这样你才能清楚知道为了实现目标，你所要付出的代价，或者如果你得不到博士学位，还有什么别的方法能让你实现目标。

该如何分辨某个念头是否是"是的，但是"呢？很简单，无论你想干点什么，它总是在反对，它的潜台词是你不能或是你不可以。有些时候，它貌似对客观环境的描述，但实际上仍然是建议你放弃。例如，"要到达那里，我就必须翻越过这座高山，所以我还是回家看看电视节目算了"。你完全可以把它简化成一个你可以解决的问题，"要达到那里，我必须翻过这座山"。

3. "是的，但是"并不代表它提供的信息毫无作用。很多"是的，但是"都在某种程度上包含着部分真理。你可以试着把它们转变为有待解决的问题，来帮助你逐步实现目标。

假设你想登上喜马拉雅山，可以想象你内心的反对声会多么强烈：

我的"是的，但是"：

为什么我该放弃这个疯狂的念头——

- 我只登过几座安全的小山包。
- 我没有所需的技能。
- 我不在状态。
- 我没有钱。

所有这些念头都有共同的作用：叫你放弃。你完全可以把它们转化成一张准备工作的清单。

我的准备工作清单

要登上喜马拉雅山，我要做的事情包括——

- 爬几座高山当作热身活动。
- 学习必需的技能。
- 保持良好状态。
- 存钱。

这两张清单实际上说的是同样几件事情，但是意义却完全不同。你完全可以把前者转化成后者。只要你下定决心，"是的，但是"就会悄然而退，你也就具备了创造奇迹的力量。

第二部分
职业规划工具箱

Now 非你莫属
顺应天性找工作
what?

第四单元

➡

你天生的能力和脾气禀性决定了你能为这个世界贡献些什么。要真心热爱自己的工作,你就必须找到与你的天赋完全吻合的职业。

第 15 章 职业规划工具箱使用指南

我们的职业规划工具箱可以分为三大块，包括了本书的第四部分至第六部分：第四部分"天赋"、第五部分"为什么工作"和第六部分"工作环境"。

在每个部分，你都要扮演两个角色：侦探和决策者。当你积累了足够的职业规划的要素后，你就可以明确你的职业了。

下面的图表清楚说明了职业规划的整个过程：

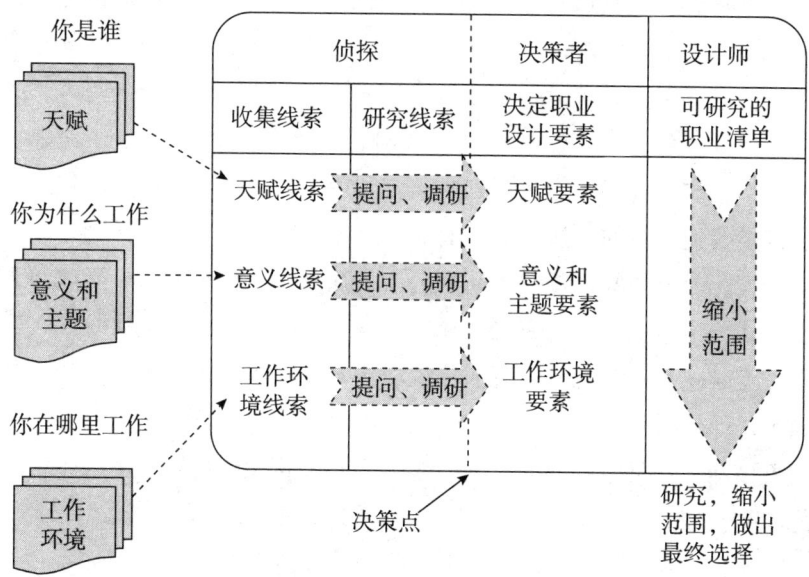

第 16 章　你的天生才能

把一只鸭子放进池塘，即使它在沙漠中长大，迟早也能掌握游泳的技巧。因为游泳是它的"天赋"。

人的才能和天赋是各不相同的。有人可以轻易掌握多种语言，有人没有语言天赋却很会建造房屋。人类的基因给我们每个人都发了一手与众不同的牌，牌上注明的正是我们天生的能力与脾气，每人手中的牌不同，也决定了我们只能轻松扮演某些角色，而不是全部。

不同的天赋使我们每个人都成了独一无二的个体。我们都能轻松愉快地完成某种工作，但同时，相关能力的缺乏会使得另一些任务变成纯粹的折磨。天赋不同于后天学习的知识、技能和培养的兴趣。兴趣会经常改变，知识、技能也可以时常更新，但是天赋会伴随你一生，不会改变。只要你认识到并学会利用自己的天赋，你就能创造奇迹，能找到满意的、成功的职业。

把能力特长与职业完美结合的人往往都是最快乐的人。天赋与工作之间差距越大，工作的不满程度也往往越高，并通过两种方式表现：无聊感与虚脱感。无聊通常说明能力没有得到充分发挥。如果某项工作即使做过很多次，你仍然感到困难和不快，这实际说明你缺乏从事该项工作具备的能力。这时候，无聊和精疲力竭后的虚脱感就可能同时出现。

要找到一个既有挑战性，又能发挥你全部潜能的工作，你就必须严肃考虑天赋问题，既要具体考虑每一种能力，也要把这些能力综合起来考虑。

人们喜欢做天生拿手的工作

成功人士总是在最能发挥个人优势的领域内寻找自己热爱的工

作，然后年复一年地专注于此。他们丝毫不会在其他方面浪费自己的能量。这些人令人羡慕，因为他们过着成功而又快乐的生活，天赋在他们的工作中得到了自然表达。

天赋的自我评估

除了通过上体育课对自己有多少运动细胞比较了解外，很少有人能深入了解自己的其他天赋。我们对自身能力的认识主要来自过往经历和别人的评价。摆脱这些因素，重新认识自己，对择业大有帮助。

一个很重要的方面是了解天生能力与性格特征之间的相互作用。你的脾气禀性将影响到你的能力发挥，也使自我评估变得更为复杂。能力相同、性格不同的人很可能适合于完全不同的职业。

即使你很了解自己，自我评估也是相当困难。首先观察你自己，注意自己是如何思考的，哪些事情对你来说手到擒来。

那些对你来说最自然不过的地方最容易被总结。假如儿时的你喜欢在卧室里读书，沉浸于幻想的世界，那么想象力应该是你的天赋之一。假如你喜欢领着一群孩子在室外追逐打闹，或者特别喜欢帮你的朋友修理电脑，那么情况又不同了，这些信息都是你的线索。

调查 16-1　　什么对我来说是自然而然的？

1. 在笔记本的线索一栏写上相关的活动。回顾你的一生，看看你曾经干过什么，扮演过哪些角色；有哪些事情是你能轻松应对的；哪些事情能够吸引你，让你忘记时间的存在；你童年最爱的游戏是什么，等等。

- 工作中最喜欢的任务
- 学校里最喜欢的活动
- 闲暇时候爱干什么
- 喜欢的主题
- 愿意解决的问题
- 乐意从事的项目

- 你的习惯
- 在喜爱的活动中经常扮演的角色
- 在团队中最喜欢的位置（队长、协助者、专家、支持者）
- 工作成功后，你从他人那里获得了哪些肯定
- 其他能够吸引你的注意力和想象力的事物

2. 找出有关天赋的重要线索，认真处理。 提问、研究、仔细处理每条线索并找出最重要的。这是你热爱并经常做的，还是喜欢但偶尔为之的事情？你期待它么？这是你几乎不用多想，自然而然就能干的事情么？如果答案是"是"，请做上记号，并加入笔记本上"重要线索"一栏。

3. 有没有确切的职业规划要素？ 如果有，加入笔记本上"职业规划要素"一栏。

调查16-2　天赋与能力的自我评估

阅读下面的描述，并给自己打出相应的分数。要耐心回顾你的过去，找出具体事例支持自己的评价。

1. 评估你的天赋与能力。 为了更好地做出评估，我们要参考你的过往经历，比如当你还是个孩子时，是个少年时，在大学里，在单位里，和朋友们相处时有何表现。在读完每项能力的描述之后，为你自己打分：①低，②中等，③高。如果你不能确定，就选择问号。别担心自己得到多少个问号，测评完成后，我会告诉你如何继续。

解决问题的能力

诊断能力　①＿＿＿　②＿＿＿　③＿＿＿

诊断能力是无需缜密的逻辑思考就直奔问题核心的能力，只要些许线索和现象就能找到答案或通行的原则，立刻发现特定环境中的问题并予以解决。

诊断能力得分较高的人通常会迅速找出问题症结。他们对自己、对别人、对周围世界的错误和过失都非常挑剔。他们很少忽视缺陷，

无法忍受缺陷的存在。当然，习惯性的挑毛病也许是某种缺乏安全感的表现，但这样的行为往往说明你的诊断能力已经让你的注意力无法集中于你关注或思考的事情上。

诊断能力强的人往往能从某些线索直接跳到最后的判断和结论上，其速度之快如同一拍脑门就有了答案。

但是这种能力也会带来问题，诊断能力强的人很难把这种功能主动关闭。在他们视线所及的范围内，他们会不断对自己和别人提出批评。但如果能找到适合的职业，这种能力也会发挥作用，比如高明的侦探就可以在看似不相干的线索之间找到联系。

诊断能力较差的人通常更有包容心、忍耐力，他们会欣赏餐厅的食物和环境而不是去挑剔细节上的问题。对于多数工作而言，诊断力得分较低或中等反而会是优点。

需要较强诊断能力的职业：科学研究、急诊救治和其他医学相关的职业、各种咨询工作、律师、调查性新闻报道者、与批评有关的行业（比如艺术、美食评论家、讽刺作家）、政治评论家、专栏作家、创造者（发明家、企业家、设计行业）、解决技术困难的行业、说服性的行业（比如广告和市场营销人士）、审稿人。

分析能力　①＿＿＿②＿＿＿③＿＿＿

分析能力强的人能够系统地、逻辑性地思考问题。他们会用逐步推进的方式建立事物之间的逻辑联系，就像国际象棋高手会推算棋局的走势一样。他们总是忍不住地要去整理、归纳、分类，找出重要信息，他们会把混乱的场面整理得井然有序。

在如今这个电脑时代，分析能力是应用最为广泛也最为人们所信任的才能。几乎在商业、科学、技术实践的各个领域，都会要求工作者具备计划、组织的能力和管理人员、信息等资源的能力。

需要运用分析能力的职业：商业管理、工程、科技、数学、法律、社会科学、写作、编辑、策略研究、金融、电脑编程、新闻报道。

空间的/有形的/非空间的倾向

每个人都有自己看世界的方式。有些人愿意用立体的视角看世界，有些人则没有什么空间概念，还有些人界乎两者之间。对于工作，这样的差异同样存在。如果用下面这个数轴来表示的话，你能找到自己的位置么？

非空间的	有形的	空间的（立体）

以医学领域为例，做手术需要具备空间能力，要掌握人体每一个器官的位置和结构，放射科医生也应该具备良好的三维视野。大部分的医生都需要有一定的空间感，至少要处于数轴的中段。但皮肤科的医生每天接触的都是有形的、可见的皮肤，不需要具备外科手术医生那样强烈的空间感。而处于数轴另一端的会是精神科医生，他们并不需要什么明确的空间感觉。

园艺或建筑从业者就应该具备较强的空间感。而那些在大企业或服务业工作的人来说，他们就无需太多空间能力。

如果你不能确定自己该选哪一项，想想看自己擅长做什么，喜欢做什么，经常想什么，说什么，有什么爱好。比如，很多女孩小时候都喜欢洋娃娃。那些空间感较强的女孩子往往会更关注洋娃娃的物质生活——比如芭比娃娃的海滩洋房；而那些缺乏空间感的女孩则可能更关注芭比娃娃和男友肯的感情生活。

空间感 ①_____ ②_____ ③_____

如果你能轻易看出三维立体画，你的空间能力应该比较强。通常，二分之一的男性和四分之一的女性都属于这一类。

需要运用空间感的职业：绝大多数的医学行业（心理分析类除外）、建筑业、多数的工程行业、物理研究、微生物学、有机化学、机器人研究、电脑制图、电脑游戏设计师、微电子业、多数的设计行业、发型师、体育运动（包括体操、高尔夫、篮球、足球等等）、室内设计、汽车工业、木匠、飞机制造、导航、战场指挥、舞蹈、电影特效、雕塑……那些适合于具备有形感的人从事的职业，具有空间感的人一般也能胜任。

有形感 ①_____ ②_____ ③_____

有形感处于数轴的中段，要求能够虚实兼顾。具有这种能力的人乐于把想法化作现实。对于信息技术人员来说，他们要在脑海中把无形的联系化为真实可见的网络；而联邦调查局的干探们则需要运用这种能力把事实与证据联系起来，最终破案。

需要运用有形感的职业：网络编程、数据库建设、电子工程、工业设计、野生动物学、动植物学、自然学家、医护行业、卡通设计、网站设计、展览设计、产品开发和品牌管理、珠宝设计、美容业、园林设计、烹饪、餐饮管理、洗车房、干洗店、汽车零售、家庭装修等。

非空间感 ①____ ②____ ③____

具备这一能力的人有很好的抽象思维能力，善于处理想法、数据和信息，他们通常没什么兴趣处理需要立体空间感的工作。例如社会学家关注的是提出群体行为的概念，而经济学家则忙于建构消费趋势的理论架构。

请注意，有些人虽然没有什么具体空间感，但他们也会对一些具体事物表现出兴趣，这仅仅是偶尔为之，绝不是工作。我曾经遇到一些训练有素的外科医生和工程师，但是经过测试他们的空间能力并不强。事实上，他们也承认需要努力工作才能达到一般水平。他们中的一些人最终选择离职，因为害怕犯错，或者不能继续承受巨大的压力。

需要运用非空间感的职业：市场营销、广告、公共关系、人力资源管理、金融、会计、管理、经济学、社会学、心理学、政治学、人口学、统计学、政治学、人类学、性别研究、社会历史、哲学、宗教、语言、文学、外交学、国际关系、公共政策、咨询、心理学、新闻、出版、编辑等。

专项才能

抽象 ①____ ②____ ③____　　**混合** ①____ ②____ ③____
具体 ①____ ②____ ③____

你的具体才能可以是抽象的，也可以是具体的。有些人天生就喜欢看到具体结果，他们应该选择那些实干型工作；有些人则沉浸于抽象世界中，这些人适合理论工作，比如有些经济学家哪怕自己的经济理论与现实不符，也会处之泰然，因为他们对现实没有兴趣，在他们看来经济就是抽象的理论。

在下面的图表中，我们以空间感觉为横轴，以才能的抽象和具体程度为纵轴，分别列出了一些适合的职业。找找你自己应该属于什么位置。

	非空间感	有形感	空间感
具体	企业管理 股票经纪 税务审计	科技品销售 药剂师 电气工程师	牙医 外科医生 机械工程师
混合	广告总监 心理学家 联邦法官	品牌经理 记录片制作人 联邦调查局分析师	环保建筑师 神经系统学家 人机互动设计师
抽象	诗人 经济学家 宪法律师	电影创作 科技报道者 刑法律师	天体物理学家 主题雕塑家 （如法国雕塑家罗丹） 专利法律师

思想流量　①____ ②____ ③____

思想流量指的是你脑海里产生想法和点子的速度。这里关注的是数量而不是质量。

脑子转得快的人比较适合灵光乍现的思维方式，他们的思想会很快从一件事转向另一件事。新念头不断涌现，他们很难把注意力长期集中于一件事情上，尤其是当他们对手头工作没有兴趣时。对于重复性工作，他们就更难适应了。在学校里，面对那些讲课枯燥乏味的教授，他们很难认真听讲；但是，对于那些讲课生动活泼，或者话题令他们感兴趣的老师，这些学生则会积极回应。

这方面能力较强的人通常会有即兴发挥的天分，对于话题不断切换的对话也能乐在其中。很多性格内向的人并不认为自己具有这样的能力，因为这些思想活动都是隐性的、内在的，他们可能并没有注意到。

脑子转得慢的人和才思敏捷的人一样，也可以具有非凡的创造力，只不过他们的点子要来得慢一点，而最好的点子往往出自认真的思考。这类人能长时间集中精力于特定任务上。因此，在商业、艺术和财会等需要高度专注的领域，你都能看到这些人的身影。有的时候，才思如泉涌反而会成为一种阻碍。爱迪生经历了上千次失败才找到了制作电灯泡的材料，要是那些脑子快但缺乏恒心的人，也许早就把电灯泡的想法抛到脑后了。

和其他能力一样，这方面得分的高低与好坏无关，只是为你的择业提供线索而已。

需要高速思想流量的职业：广告、市场、喜剧、表演、救助、教育、咨询、即兴表现、动漫、新闻媒体、销售。

需要中速思想流量的职业：商业管理、工程设计、建筑、一些销售工作、项目管理。

需要低速思想流量的职业：牙医、外科医生、银行业、会计、审计、保险、电脑编程、雕刻、室内设计。

人际理解力　①____②____③____

人际理解力是一种社会性的理解力，是理解他人情绪、动机和行为的能力。

需要运用人际理解力的职业：电影导演、演员、剧本创作、心理学领域、咨询和培训业、护理、幼儿教育、外交、组织发展、人力管理、市场、销售、广告、公共政治、社会科学等。

内在理解力　①____②____③____

内在理解力是认识并了解自己个人情绪、动机和行为的能力。

需要运用内在理解力的职业：诗人、剧作家、小说家、音乐家、艺术家、演员、记者、咨询师、教练、老师和社会科学家等。

感知能力

直觉　①____②____③____

直觉是用想象理解外部世界的一种方法。你的五官负责搜集具体信息，你的直觉则寻找意义的细微差别。对于直觉较强的人来说，这是个充满了可能性的世界，探索新的想法、新的人、新的地方和新的事物让人生变得更有意思。他们喜欢探究未来的可能，试图理解系统的全部而不是局部。对于科学家来说，这种能力帮助他们摆脱陈规并提出新的问题。对于诗人来说，这种能力是妙笔生花的动力。对于演员来说，这种能力帮助他们感悟剧中人物的内心世界。

需要运用直觉的职业：物理学、生命科学、社会科学、抽象艺术、表演、广告、市场、设计、电影制作、心理学、调查性报道、媒体研究、企业经营、流行趋势发布。

感觉 ①____ ②____ ③____

感觉是一种客观理解外部世界的方法。这种能力强的人相信自己的眼睛、耳朵和其他感官获得的种种信息，而不是直觉带来的某些模糊感觉。与其幻想未来，不如关注眼前的工作。他们喜欢具体的想法和事物。对于会计来说，他们会严格遵守详细的、固定的规则；对于警察们来说，他们会运用这种能力认真观察现实世界。

需要运用感觉的职业：工程学、医学、商业管理、舞蹈表演、物理治疗、烹饪、销售、会计、景观设计、信息技术、广电新闻、社会工作。

视觉敏锐 ①____ ②____ ③____

视觉敏锐是一种快速、准确注意到细节，指出错误并读完书面信息的能力。公共管理、会计、法律、教育、校对和编辑的工作都需要经常使用这一能力。像微创手术、病理学、基因研究、法医等这样一些要求从业者能准确察觉可见细节或空间变化的工作，也对视觉敏锐性提出了较高要求。

需要运用视觉敏锐的职业：会计、审计、银行业、生物科技、商业管理、电脑编程、金融、刑侦学、信息科学、翻译、法律、司法研究、图书管理、医学研究、微生物学、公共管理、出版、编辑。

记忆力

联想记忆 ①____ ②____ ③____

联想记忆是学习外语词汇或计算机语言的关键能力，它还能帮助我们快速记住人名。

需要运用联想记忆能力的职业：表演、广告文案、计算机科学、课程设计、咨询业、职业规划、博物馆讲解、生命科学、社会科学、新闻、外语、法律、药学、政治、销售、培训。

数字记忆 ①____ ②____ ③____

数字记忆是用来了解并处理数据和精确事实的能力。如果你能记住所有朋友的电话，你很可能就具备这种能力。

需要运用数字记忆能力的职业：会计、审计、麻醉学、银行业、生物信息学、经济新闻、体育新闻、商业管理、金融投资、信息技术、图书馆学和信息学、数学、护理、零售业、物理学、统计学、税务法。

图像记忆 ①____ ②____ ③____

图像记忆是记住视觉信息和事物可见形状的能力，它对于导航很重要。具备这种能力的人即使到了一个新城市也能很快熟悉道路。

需要运用图像记忆能力的职业：建筑、古董鉴定、化学、舞蹈艺术、植物学、档案管理、牙医、服装设计、电影制作、刑侦科学、室内设计、工业设计、机械工程、微生物学、专利法、飞行导航、自然科学、医学（尤其是外科）、导游、体育教练、调查、出租车或卡车驾驶、视觉艺术。

其他一些特殊能力

数学能力 ①____ ②____ ③____

在数学学习中游刃有余的人通常具备多种能力，例如，擅长解决立体几何问题的人通常就具备较强的空间感、较高的分析能力、较高的数字记忆能力和逻辑分析能力。如果再加上直觉，那么对于更为抽象的问题，例如物理学理论研究中的不等式微积分，就更为得心应手了。

需要运用数学能力的职业：保险统计计算科学、建筑业、电脑科学、工程学、金融、投资、市场调研、数学、物理学、地球学、经济学、统计学等。

语言能力 ①____ ②____ ③____

在学习和应用语言方面展现出天赋的人通常能够同时运用多种能力，例如，具有较强联想记忆能力和分析能力的人往往也很善于学习语言，再加上一些对音乐的感受能力，就能让他们在学习外语时轻易掌握语音、语调。

需要运用语言能力的职业：表演、编剧、新闻报道、语言、法律、诗歌和文学艺术、编辑、社会科学和人文科学、政治、出版、科学写作和研究。

音乐和艺术能力　①____　②____　③____

艺术天分高的人也往往兼备了多种能力。每一种艺术的表达（音乐、表演、舞蹈等等）都是不同天生能力的组合。所有的艺术形式，不论是传统的、古典的，还是现代的、另类的，都是艺术家所具备的不同才能综合作用的自然结果。

需要运用艺术和音乐能力的职业：表演、广告、建筑、电脑游戏设计、舞蹈、电影制作、作曲、音乐表演、摄影、文学、音效工程、视觉艺术、网页设计等。

肢体协调能力　①____　②____　③____

擅长于体育运动和舞蹈等表演艺术的人往往在这一方面要强于普通人，他们的身体运动更加协调自如。

需要肢体协调能力的职业：表演、舞蹈、模特、耕种、林业和公园管理、捕猎、钓鱼、重机械组装、军事、体育运动、体育医疗、搜寻救助等。

2. 寻找最佳线索。把自我测评的结果记录到你的笔记本上，或者直接标注在下面的表格中。如果你对某方面的能力不能确定，那就选择"不确定"，提醒自己进一步寻找线索。看看自己最强的能力是什么，注意自己在日常活动中经常使用的是哪种能力，表现最好的又是什么方面，当然也要注意不擅长的方面。

能　力	高	中	低	不确定	确切的择业要素
诊断能力					
分析能力					
空间感					
有形感					
非空间感					
抽象能力					
具体能力					
思想流量					
人际理解力					
内在理解力					

续表

能　力	高	中	低	不确定	确切的择业要素
直觉					
感觉					
视觉敏锐					
联想记忆					
数字记忆					
图像记忆					
数学能力					
语言能力					
音乐和艺术能力					
肢体协调能力					

3. 有没有确切的择业要素？ 有没有一些能力是特别突出的？如果有，把这些确切的择业要素记录在你的笔记本上。

4. 搜集重要线索。 如果没有确切的择业要素，你至少会收获一些需要继续调查的好线索，把它们记录在案，方便以后深入研究。

第 17 章　性格特征

能否找到适合自己性格的职业意义重大。成功与失败、天堂与地狱就在这一线之间。做自己，而不必去伪装成他人，是人生成功的一大秘诀。如果你天性就爱挑剔，喜欢批评，那就找一份这样的职业，既能发挥你的特长，还能获得收入。顺势而为，别违背天意。

研究自己的性格就好像要看到自己眼球的另一面，这并不容易。接下去的各种调查提供了帮你从不同角度认识自己的方法。有经验表明，最有效的办法是先做几个，认真理解之后再开始后面的内容。既然我们很少能注意到自己性格中的细微之处，那就有必要多花些时间进行观察，真正了解自己。

我们的这些调查关注的是：你是谁，你是如何感觉、思考，又是如何行动的。千万不要想当然。我们都是与众不同的独立个体，但我们都生活于特定文化之中，这直接影响着我们的行为方式，让我们看似相同。所以，一定要关注自己内心真实的、自然的想法，而不是社会，包括家庭、学校和老板，教给你的那一套。

调查 17－1　　　　我是什么样子的？

1. 寻找线索。下面的表格列出了多种性格特质，选择适合自己的一项，打钩。

测试等级包括：

- 从不——我从不这样。
- 很少——我偶尔会这样，但很少。
- 有时——我时常会如此，在需要的时候会这样。
- 经常——多数时候我都是如此，这样很舒服。

- 总是——我总是这样，不能想象不这么做会怎样。

下表中的性格特征都是一一对应出现的。你有可能会符合两种相反的特质，例如有时多话，有时沉默。我们的目的是要找出你最突出的性格特征，所以请诚实作答。

个性特征	弱 < <			> > 强	
	从不	很少	有时	经常	总是
外向，多话					
内向，沉默					
热情，友善					
拘谨，冷淡					
感性					
理性					
冷静					
兴奋					
理性，客观					
个人化，主观					
惯于领导					
惯于合作					
乐观向上					
悲观					
坚持不懈					
易于放弃					
热爱冒险					
谨小慎微					
勇敢					
羞怯					
强硬					
温柔					
独立					
依赖					
多疑					
信赖他人					
挑剔					

续表

个性特征	弱<<				>>强
	从不	很少	有时	经常	总是
愿意接受					
爱幻想的空想家					
脚踏实地的实干家					
豪放					
适度					
保守					
聪明					
坦率					
委婉					
直接、鲁莽					
顽皮					
严肃					
喜欢试验					
遵循传统					
我行我素					
随大流的					
喜欢创新					
循规蹈矩					
狂野，放纵					
自律，严谨					
精力充沛、热心					
放松、懒惰					
紧张					
放松					
积极、有目标					
无所谓，不负责的					

2. 研究线索。研究所有在"经常"和"总是"栏打钩的特质，问问家人朋友，看他们认为你的天性如何，例如，你认为我是感性的还是理性的。把所有最突出的特质综合起来，总结成一句话可能会让你更好地认识自己。例如"我是个喜欢吵闹的乐天派，多话、容易信任别人、喜欢玩乐、冒险、感性，但是能坚持到底的人"。

3. 有没有确切的择业要素？ 你选择哪些性格特质成为未来择业的要素之一？在笔记本的相应栏目做记录，你可以这样写："我的职业需要符合我逻辑感强、做事直接的性格特征。"

4. 重要线索。 哪些是还不确切，需要进一步研究的线索？把它们记录在重要线索一栏，然后加以处理。

常人与大师

我们都是科学家所说的"群居灵长类动物"，因为我们都居住在特定群体中，与其他成员相互联系。有些人的群居特性会比其他人更突出。了解这样的差异有助于我们适应自身的工作环境。

常人

所谓常人，就是绝大多数喜欢群居的部落成员（大约占75%），他们的共同点是要作为某个群体、组织或"部落"的成员，通过与他人合作获取成功与满足感。他们的生活参照系更为广阔，如果让他们从事过于专业、狭小的领域，他们会很难受。只有为了组织的共同目标而努力，他们才能展现更多能力，他们的步伐与整个群体保持一致。他们的价值观、目标和观点大多来自所属部落。在高中阶段，最为合群的学生通常都是外向的"部落成员"，人们很容易分辨出他们，因为他们总是出现在最热闹的地方。相比之下，对于性格内向的"部落成员"来说，这种群居的倾向不那么明显。他们最希望找到一个安静的角落，但是他们同样乐于与人合作、相处，因为他们的基本步伐与群体仍然一致。常人要比大师更容易理解人的本性，他们不需要什么特殊训练。优秀的经理人和销售员多半都是常人，而且对人类心理有着某种天生的理解力，他们懂得如何激励他人。他们的成功来自于处理人际关系的能力，或是快速适应组织文化的能力。他们喜欢作为群体的一部分分担风险，分享回报。常人选择的职业多半是商业、管理、人事、高中教育、监管、销售、广告、行政、银行或人力资源行业。

大师

大师在我们的社会中是少数派，大约占全部人口的25%。他们最适合需要独立完成特定任务的工作。他们能掌握较深的专业知识，并因为他们的特长而获得收入。诸如医生、律师、演员、科学家、艺术家之类的职业都是适合大师的选择。这些职业的核心在于"专业性"。

这类人独立工作，喜欢用某种特殊技能维生并获得尊重。他们的成功多半来自特殊训练或某方面的独特天赋。在工作上，他们乐于看到人们求助于自己的知识、经验或技能；享受自己因为某种独特贡献而受到推崇的感觉；愿意选择赋予他们较高地位的工作，例如大学教授；他们喜欢用独特的、个人化的、主观的方式来认识世界。

调查17－2　　你是常人，还是大师？

1. 自我评估。 在每一对相反的说法中找到适合自己的那一个，打钩。快速阅读，不要犹豫。如果你不能确定，可跳过，做下一题。

我和多数人步调一致。（　）	我有自己的独特步调。（　）
我喜欢成为团队的一部分。（　）	我喜欢做自己的事情。（　）
我绝对是某个群体的一员。（　）	我根据需要在不同群体间游荡。（　）
我和我的同龄人听一样的音乐。（　）	我有独特的音乐品味。（　）
我爱读流行读物。（　）	我喜欢对特定主题做深度阅读。（　）
我认为自己和其他人很像。（　）	我是个很特别的人，不同于其他人。（　）
我对自己感兴趣的领域有所了解。（　）	我对自己感兴趣的领域了解很深。（　）
我喜欢团队活动。（　）	我喜欢单独行动。（　）
我喜欢俱乐部。（　）	我可不是那种参加俱乐部的人。（　）
我喜欢与别人合作。（　）	我喜欢独立思考。（　）
我觉得自己是个普通商人。（　）	我认为自己是某方面的专家。（　）
我喜欢热门电视节目。（　）	我对于电视节目有自己的偏好。（　）
我和我认识的多数人穿着类似。（　）	我的打扮与众不同。（　）
我很容易适应。（　）	如果我专注于某事，我就可以适应。（　）

续表

我擅长组织人。（ ）	我宁愿不组织人。（ ）
我和各种人都相处融洽。（ ）	我和自己的同类相处融洽。（ ）
人生的意义在于朋友和家庭。（ ）	人生的意义在于精通某事。（ ）
我与自己的家人经常联系。（ ）	我的家人经常提醒我要与他们联系。（ ）
我喜欢跟随别人的领导。（ ）	我喜欢按自己的想法行事。（ ）
我能很好地服从命令。（ ）	我不喜欢被人教育该怎么做。（ ）
我和多数人都很像。（ ）	我和多数人都不像。（ ）
我与人合作，按规矩办事。（ ）	我喜欢挑战传统的做法。（ ）
有时候我希望自己能特立独行一点。（ ）	有时候我希望自己能像平常人那样。（ ）
对未来的期望我和朋友们是一样的。（ ）	我梦想与众不同、个性化的生活方式。（ ）
常人特质的总数：	**大师特质的总数：**

2. 有没有确定的择业要素？ 若你能确定自己到底属于哪一类，就可以将其加入到笔记本"确定择业要素"一栏，例如，"我希望未来的工作符合自己的常人特性，在那里我作为群体的一员每天都与人合作"。

3. 重要线索。 假如你不能肯定，那么就归入"重要线索"一栏，然后做些后续功课。

性格类型

在你的一生中，你的性格将保持某种连贯性，你或许会成长、变化，但是性格类型通常都不会变。下面的调查能帮助你确定自己的性格类型。

调查 17-3　　洛克普特性格类型指标

这份调查结果关系到你未来的职业，所以请诚实作答。

1. 自我评估。 在左右两个相反的描述中找到符合自己的那个，打钩。选择符合你的那项，而不是你想这么做的那项，快速回答，不要深思熟虑。如果没有适合你的，不必作答，跳到下一题。

第一部分　E/I

我是外向的。（　）	我比较沉默，除非是和亲近的朋友在一起。（　）
我喜欢社交，朋友越多越好。（　）	我喜欢有几个深交的朋友。（　）
我喜欢说话，喜欢参与而不是旁观。（　）	我喜欢思考，宁愿旁观而不是参与其中。（　）
我喜欢出风头，被人注意到。（　）	我喜欢自己一个人，不被人发现。（　）
在聚会上，我喜欢和不同人交谈。（　）	在聚会上，我喜欢与密友单独谈话。（　）
我喜欢和大家一起学习。（　）	我喜欢自己学习。（　）
我独自一人会觉得寂寞。（　）	我享受孤独。（　）
如果遇到问题，我想与朋友们探讨。（　）	遇到问题，我最多与一两个挚友讨论。（　）
我愿意和其他人待在一起。（　）	我宁可读书。（　）
我是行动派。（　）	我喜欢沉思。（　）
我喜欢与人互动产生想法。（　）	我喜欢自己进行头脑风暴。（　）
我通常说的比想的快。（　）	我会想好再说。（　）
别光想了，做点什么。（　）	别光做了，好好想想。（　）
我的注意力常集中在身边的环境中。（　）	我的注意力关注于自己的思想。（　）
我很容易接触。（　）	我不太容易被他人了解。（　）
我喜欢成为众人注意的焦点。（　）	我喜欢倾听。（　）
电话几乎算是我连接世界的生命线。（　）	电子邮件差不多是我的生命线（　）
课后，我与大群朋友一起玩乐。（　）	课后，我喜欢独处或与个别朋友一起。（　）
符合类型要素 E 的数量：（　）	**符合类型要素 I 的数量：（　）**

哪一类数量更多，就在最后的类型上打钩。如果数量接近，就在两种类型上都打钩。

用同样的方法继续做下面的测试。

第二部分　N/S

我想象事情应该是什么样子。（　）	我关注事情的真相到底是什么。（　）
我喜欢尝试新的可能。（　）	我按照熟悉的方法做事。（　）
我喜欢创造全新的事物。（　）	我喜欢改进原有的事物。（　）
我经常思考未来。（　）	我更现实、实际。（　）
别人可能说我很有洞察力、很深沉。（　）	别人认为我是感性的。（　）
我认为自己是有文采的、诗意的。（　）	我认为自己是客观的、黑白分明的。（　）
我很会领会比喻、类比。（　）	我擅长解决实际问题。（　）
我享受幻想带来的乐趣。（　）	我乐于看到有可行性的想法。（　）
我喜欢想象未来的事情。（　）	我只处理真正发生了的事情。（　）
我寻找的是灵感。（　）	我追求的是实用。（　）
好朋友说我生活在云端，是个幻想家。（　）	好朋友都说我脚踏实地。（　）
我更注重全局而不是细节。（　）	我注意细节，很难看到全景。（　）
我的想象力很强。（　）	我完成实际任务的能力很强。（　）
我喜欢想象未来所拥有的一切。（　）	我喜欢购买现在喜欢的东西，还等什么？（　）
我从不满足，我期望更多。（　）	多数时候我心满意足，我没有太多奢求。（　）
我的想法有独创性，是别人没想到的。（　）	我喜欢按照已有的想法工作。（　）
为了实现未来目标，我原意牺牲现在的快乐。（　）	我不愿牺牲现在的快乐，去实现未来的目标。（　）
符合类型要素 N 的数量：（　）	符合类型要素 S 的数量：（　）

第三部分　T/F

我依据客观事实做决定。（　）	我依靠直觉做决定。（　）
我像个律师一样运用原则、逻辑和可见的事实做决策。（　）	我像个艺术家一样，依赖于自己的感觉、激情和品味。（　）
我天生对数字很敏感。（　）	我天生就能理解人。（　）
我的个性是理性的、冷静的。（　）	我比较热情，热心快语。（　）
我喜欢剖析论据，指出错漏之处。（　）	我喜欢保持和谐，在别人身上寻找优点。（　）

续表

我比较严格,喜欢问具体问题以获得真实的情况。( )	对我来说,掌握主旨就可以了,不需要全部的事实。( )
我分析能力强,而且客观公正,我不会被感情左右,从而影响自己的判断。( )	我关心他人,而且具有同情心。有时候感情的确会影响我的判断。( )
我要赢,要做最好的那个。( )	赢没那么重要,每个人都开心最重要。( )
法律就应该被严格遵守。( )	有时候,法律也应该根据情况进行调整。( )
原则是最重要的。( )	人是最重要的。( )
我对人的感情没什么耐心,对此也不太注意。( )	我很能理解、也很容易注意到他人的感受。( )
我希望身边的人不用我提醒也竭尽全力。( )	我喜欢帮助别人改进其表现。( )
我对信息、事物更感兴趣。( )	我最感兴趣的是人的行为。( )
最好是诚实、直接、实话实说。( )	最好能聪明点、缓解紧张的气氛。( )
我喜欢简明扼要。( )	我喜欢热情、友好。( )
我追求的是正义、真相。( )	我追求的是和谐、同情。( )
我喜欢竞争。( )	我喜欢帮助别人。( )
我的朋友都说我理性。( )	我的朋友都说我很感性。( )
符合类型要素 T 的数量:( )	**符合类型要素 F 的数量:( )**

第四部分　J/P

我喜欢确定之后再行动。( )	我喜欢对一切可能敞开大门。( )
一旦决定,我就不会改变。( )	我比较灵活,会调整、改变自己的想法。( )
先工作,后享受。( )	工作、享受的界限不用划的那么清晰。( )
我喜欢有计划、有序的。( )	我喜欢自发的、随意的。( )
我的朋友会说我的玩法太保守了。( )	我的朋友会说我的玩法太冒险了。( )
生活就是要寻求某种结果。( )	生活就是尝试新鲜事物。( )

续表

我选择已经被验证过的正确道路。（ ）	我选择别人很少涉足的道路。（ ）
有时我太严谨了，缺乏灵活性。（ ）	我有时候缺乏决断。（ ）
做该做的事情。（ ）	有很多道路都通向同一个目的地。（ ）
我喜欢明确的、划分清楚的。（ ）	我喜欢尝试，然后看看有什么结果。（ ）
我的个性通常是谨慎、犹豫、严肃。（ ）	我愿意相信别人，喜欢冒险、玩乐。（ ）
遵循原则。（ ）	要根据情况改变原则。（ ）
要精心策划，避免意外发生。（ ）	事情该是什么样子就是什么样子，顺其自然。（ ）
不断努力完成任务才是最重要的。（ ）	断断续续的工作也没关系，给变化留有余地。（ ）
我喜欢明确的步骤、详细的指令。（ ）	我喜欢从草图出发，然后逐步明确。（ ）
有的人可能说"苛求"是我的另一个名字。（ ）	有人说"灵活性"是我的别名。（ ）
符合类型要素 J 的数量：（ ）	符合类型要素 P 的数量：（ ）

2. 将你的性格类型进行列表处理。 总结自己的得分，看看上面的两两对比中得"√"最多的是什么，然后记录在下面的图表中。假如你在两类中得分一样或接近，就打上一个问号，今后继续研究。最后得出的四个字母就是你的性格类型。

例如：

√的数量	√的数量	性格类型
1. E 16	I 2	E
2. N 1	S 17	S
3. F 4	T 4	?（平分）
4. P 4	J 14	J

你的得分情况：

√的数量	√的数量	你的性格类型
1. E	I	
2. N	S	
3. F	T	
4. P	J	

出现平分怎么办？回到得分相同或接近的那一部分，先阅读两组相反描述中的一组，然后再阅读另一组，看看到底哪一组描述最符合你的情况。假如其中一组描述更像你本人，就用其类型要素的字母取代原来的问号；假如你仍然觉得两种描述都很像你，也没关系，你可能就是两种性格兼具的人。

3. 找线索。在下面的描述中找到你自己的那一类，如果你符合两种类型的情况，就把两种描述都读一读。把其中最符合你的部分标注出来。我们的目的是寻找重要线索，因此不必把每个相像的地方都找出来。

4. 处理线索。通过提问、研究等方式验证自己的发现。给家人或朋友看看你的性格类型，然后问问他们的意见。如果，他们说"没错，一模一样"，那么这个描述很可能是个重要线索。

5. 有确切的择业要素么？ 可以把最符合你真实情况的描述加入自己的择业要素中去，还有那些你认为应该在自己未来职业中发挥作用的特质。

6. 补充有待研究的工作列表。要注意，适合你性格的职业未必就是最佳选择，毕竟性格只是各种要素中的一部分。

洛克普特学院性格指标：性格类型描述

前面的调查展示了四组相反的性格特质，它们分别是外向与内向、直觉与知觉、感性与理性、灵活与确定。

外向（E）与内向（I）　　Extroversion/introversion

你喜欢社交还是独处，是内向还是外向？通常，外向的人与他人相处很长时间也能精力充沛，内向的人却会疲惫不堪。

直觉（N）与知觉（S）　Intuition/Sensing

依赖直觉的人总是考虑可能性，依赖知觉的人则更看可以感知的现实世界。如果你总是幻想未来可能发生的事情，你就是个依赖直觉的人（N）；如果你喜欢处理当下身边的事物，你就是个依赖知觉的人（S）。

感性（F）与理性（T）　Feeling/Thinking

前者是依靠自身感受与情感做决定，后者则更信赖理性与逻辑。假设你是个法官，处理的案件是一个衣衫褴褛的人偷了一片面包给他快要饿死的母亲吃，感性的人可能会说是环境逼人犯罪，因此对其从轻发落；注重理性的人则会因为法律原则不容践踏，而严格依法办事。

灵活（P）与确定（J）　Perceiving/Judging

前者并不喜欢每件事情都是确定的、计划好的，喜欢结果直到最后一刻才出现。后者则喜欢每件事情都是决定好的，如果有什么没有安排好，出现了意想不到的结果，他们会很紧张。

这四组相反的性格特质正好构成了你的性格类型。最后得出的四个字母可以帮你确定自己的性格类型。根据组合，一共有 16 种不同类型。下面是有关不同性格类型的解读。从 17-3 的问卷调查中找到属于自己的性格字母编码，然后对号入座。多数人都会属于特定的某一类，少数人可能会同时属于两类性格，这也没关系，可以两种描述都看看。

性格编码 1：ENFP　外向—直觉—感性—灵活

热情、爱表现、感情丰富、热心、有想象力、有创造力、有艺术气质、能理解人、能与人合作、提供支持、积极、开朗、敏感、合群的、喜欢玩乐、理想主义的、自发的。

是新项目的发起人，是带来变化与其他可能的人。他们关注的不是事实本身，而是寻求可能性，看重自我表达。生命就是一段有新意的冒险。他们是新项目、新关系的热情发起者，在起始阶段都是大师。但是，当初始目标达成或项目进入固定程式后，他们就会失去兴趣。

他们对未来充满期望，仿佛所有的理想都能实现。他们能迅速发现他人或环境中的潜在可能性。在别人消极时，他们态度积极。晴天、雨天都能带给他们乐趣。他们的管理风格是更关注人而不是任务本身。他们喜欢成为导师，鼓舞人心，而不是发号施令者。当收效甚微时，他们反而会迸发激情继续努力。他们需要对个人有意义的职业，需要有创造性，容许自我表达，同时也能为他人做出某种贡献的职业。他们是真正的多面手——有各种各样的朋友，兴趣广泛，即使没有接受正规训练也能成为专家。

性格编码2：INFP　内向—直觉—感性—灵活

具有理想主义精神。热心、关心他人、有创造力和想象力，也具有艺术气质。他们能理解和支持他人，具有合作精神，富有同情心。他们敏感、温柔、善良、忠诚、有奉献精神，是完美主义者。他们对自己要求严格，愿意牺牲，意志坚定，沉稳，有恒心，工作勤奋，能充当多面手，有时也会做白日梦，有即兴发挥的能力。他们是新项目的发起者，会带来变化与新的可能。对于改进现有的事物很有兴趣。自尊心很强。

他们看重的是认识自我、自我成长、对社会有所贡献。内心复杂，对于自己、自己的人际关系和自己的表现都会不断改进、追求完美。如果他们的工作不能实现其理想，缺乏改进的动力，他们就会觉得无聊、烦闷。他们不喜欢冲突，不喜欢处理细节或毫无意义的客套应酬。假如他们不是众人瞩目的焦点，他们会努力寻求被肯定与认可。他们需要独立的空间，要能够自主，不能容忍官僚作风。

性格编码3：ENFJ　外向—直觉—感性—确定

热情，关心他人，有合作精神，讨人喜欢。能与人互动，勤奋、感性、真挚、细致、有忍耐力，有想象力和创造力，表达能力强，善于社交、积极、活泼、幽默、有趣、机智，有说服力和鼓动力，是天生的领导者。他们善于了解他人的需求，知道什么最能鼓舞他人。很容易得到提升，成为领导。关心的是积极、正面的东西。

他们善于言辞，但也可能出现这样的情况：当他们情真意切地说出真话时，却被人认为是油嘴滑舌、缺乏诚意。他们不会处理对抗与冲突。当他们的好意遭遇批评或反对时，他们很容易受到伤害，感觉受到冒犯。会感情用事，更看重人而不是原则。非常愿意给予并获得肯定。喜欢受到鼓励。

性格编码4：INFJ　内向—直觉—感性—确定

温柔，内向，观察力强，理想主义，智慧，好刨根问底，一丝不苟，真诚，稳定，审慎，可依靠，讲究秩序，勤奋，有同情心，关心他人，有忧虑感，热爱和平，感情丰富，有时固执，喜欢梦想，有感染力，具有一种沉默的力量。兴趣广泛，追求和谐，喜欢学术，研究复杂的问题，享受理论分析的过程。

虽然沉默，对人与人的关系却看得非常清楚。由于他们又温柔又安静，所以他们的才能和丰富的内心世界常常不为外人所知。他们对别人的关心与照顾也很难被发现，因为他们不习惯公开表达自己的感情，他们有时会感觉孤独。他们需要独处和很多个人空间。不喜欢紧张和冲突。

不论是在工作还是在生活中，都非常专注，愿意付出。虽然经常会妥协，但是在追求重要目标的过程中也会变得非常顽固。他们想要的是能实现其人文主义理想、符合其价值判断的工作。

性格编码5：ENTP　外向—直觉—理性—灵活

热情，客观，有创造力，独立，有竞争意识，有质疑精神，聪明，多才多艺，爱交际，有灵活性，讲策略，精力充沛，有反叛精神。喜欢概念化思维，善于解决问题，敢于承担经营风险，喜欢挑战规则，行动力超强，喜欢改进系统、程序和组织。不断用新的、精心策划的想法挑战现实状况，喜欢提出别人不曾发现的可能性和机遇。他们的挑战性和超强动力有时会让同事感觉疲惫。

有全局观念，也能够注意到细节之间的联系。天生的商界人士。安全感对他们没有意义。他们的人生永远充满了大起大落。他们的方向只有一个：全速向前。他们最喜欢的是充满想象、让人兴奋的冒险或者全新的概念模型。他们需要宏观的计划，如果要被迫处理细节和程式性的工作，他们会觉得无趣。他们尊重的是能力，而不是权威。他们最喜欢能够解决复杂问题、对现实世界有所改进的工作。他们还常常用最新的科技来武装自己。

性格编码6：INTP　内向—直觉—理性—灵活

有逻辑，有原创力，深思熟虑，坦率，理智，深沉，挑剔，矜持，是怀疑主义者。思维敏捷，善于发现问题，是系统的建造者。他们活到老、学到老，追求正确的逻辑。他们喜欢分析、批判，发展新的想法，而不喜欢参与实践工作。他们喜欢建立复杂的概念模型，寻求某种逻辑上毫无瑕疵的解决方案。由于他们思维开放，喜欢新的可能性，会导致新数据源源不断涌入，让他们很难停止对问题的思考。

每件事情都是可以改进的，他们最擅长的是不断提出新的理论可行性，而不是寻找一个最终的具体解答。问题一旦解决，他们就失去了兴趣。他们关注的是思想的过程，而不是客观的世界，有时会迷失于内心的复杂活动中。他们向往的职业是能够不断提出新挑战，拥有私密、安静的环境，同时成为这方面的专家而独立工作。他们最适宜的机构是能够尊重其独立性，而同事的能力又符合他们的高要求的地方。

性格编码7：ENTJ　外向—直觉—理性—确定

天生的领导者。外向，野心勃勃，负责，热心，客观，独立，充满活力，但有时缺乏耐心，颐指气使，控制欲强，好争辩，挑剔，言语刻薄，傲慢，直接，要求多多。工作讲策略、有秩序、重效率，意志坚定，有长期计划，善于解决现实问题。能言会道。坚信自己的方法最棒。对于他们来说生活的各个方面都在进行同一种游戏，也是他们最喜欢的游戏：争做第一。他们最关注的是赢得胜利，成为第一，打败对手，实现目标。

其他人也是这个游戏的一部分。会对其他人划分等级，或高或低。瞧不起那些不参与竞争的人。常会使其雇员或孩子产生某种敌意或反叛。对他人表示关爱的方式是帮助他人提高。寻求权力。通过全身心投入式的讨论（或者干脆说是争论）来了解、学习。擅长计划和组织具有挑战性的工作，能够发挥领导作用，拥有勇往直前的强大动力,能够保持冲劲,有效组织人力与资源并最终实现目标。

性格编码8：INTJ　内向—直觉—理性—确定

创新、独立、个人主义、自我满足、严肃、坚定、勤奋、足智多谋、自主、严谨、有洞察力、挑剔、有策略、讲秩序、有组织、有效率。脑子转得快,善于辩论。有时看来很疏远。有全局观和长远视野。善于计划并解决问题。能有效利用资源,从不在琐事上浪费时间。当别人的指令与其理想中的方式不同时,他们会变得特别固执。喜欢改变系统,喜欢新的想法与可能性。他们的座右铭是"所有的事情都可以改进",包括他们自己。

这类性格的人很多都具有较高学历,并以此作为通向成功的道路。他们最早应用先进电脑、软件和其他科技。通过帮助他人提高来表达对他人的好感。学习的方式是深入研究、讨论和争辩。他们很少会意识到其他人不会像他们一样从积极的角度看待争辩。

他们不断尝试新方向。能力很强。对于理论和实际的问题都能很快了解。既能看见森林,也能看见大树。对于项目计划、项目执行和项目收尾都很擅长。有全局观念,也能安排好各种细节。经常成为组织中的最高统帅。他们喜欢的是设计一个新计划,推动其成功,然后开始另一个新计划。

性格编码9：ESFP　外向—知觉—感性—灵活

"享受今天,有什么问题明天再说。"热情、积极、友好、受欢迎、活泼、生机勃勃、开朗、慷慨、乖巧、时尚、行动力强、有灵活性、机敏、爱玩爱闹、寻求刺激、冲动、主动、乐观、实际。拥有很多常识,关注他人。放松、随和、得过且过、随波逐流、热爱生活,很爱玩笑,甚至会自嘲。有勇气、爱冒险,喜欢尝试。喜欢投入并享受身边的一切。活在当下,追求即刻的享受,不喜欢不愉快的、负面的体验。

从不提前计划。不喜欢程式化的工作,也不喜欢有限制、冲突的或进展缓慢、用时长久的项目。喜欢用互动的、亲自参与的方式学习。他们比较适合工作成果立竿见影,人际关系和谐有趣的工作环境。

性格编码 10：ISFP　内向—知觉—感性—灵活

温柔、敏感、安静、羞怯、热心、真诚、有服务精神、慷慨、没有偏见、宽容、随和、替他人着想、忠诚、有同情心、容易相处、独立、现实、有灵活性、愿意相信他人、支持他人。

对内在和外在感官世界非常敏感。认为形式和功能同样重要，努力创造一个真实的、美好的世界。享受生活的甜蜜。有敏锐的感觉，对于标识、声音、气味、味道、材质都非常敏感。

通情达理，愿意接受，顺其自然。追求和谐，不愿意领导、竞争、影响或控制。不会把自己的价值观强加于人。能找到一种属于他们自己的、创造性方式来解决问题。经常通过手工艺或其他技艺来表达自我。既能表现其个人价值，又能服务他人的工作最适合这类人。在大学里选择的专业都是具有实用性的，如工艺品行业或服务业。

性格编码 11：ESFJ　外向—知觉—感性—确定

亲切、和蔼可亲、温柔、热心、给予、诚恳、友善、关心、有责任心、可信赖、礼貌、守时、举止恰当、思考周全、自我牺牲、讨人喜欢、愿意合作、乐于助人、始终如一、传统、忠诚、单纯。

对人类充满信心，能很好地配合他人需要，能敏锐感觉到细微差别，他们是天生的男女主人，有效率的管理者，活动的策划者。无论在哪里，他们的存在会带来亲切感、和谐、友爱和团体感。无论男女，他们都是热心的、关心他人的，总是在扮演着类似"母亲"的角色。他们总是优先考虑他人的需求，为了自己关心的人宁可忽略自己的感受。

他们寻求和谐，避免冲突，遵守规则，严守承诺，但也会回避问题。对批评很敏感。需要欣赏和赞扬。特别注重礼节，讲究什么该做，什么不该做。家庭是他们最热爱的地方，家务和照顾孩子的琐碎事情也能让他们快乐。看重稳定、和谐，在乎与他人的关系和实际经验。他们会认真设计安排每天的生活。

最擅长的工作是能为他人提供帮助或服务，又不需要学习什么专业理论的工作。他们对自己生活之外的信息不感兴趣，很少读报。他们尤其擅长计划活动，组织他人，管理能看得见效果的日常事务。当他们学会了一种有效的新方法，他们就会把这种方法变成行为标准。他们善于在他们的大脑数据库中搜寻以往的成功经验，然后选择正确时机加以运用。

性格编码12：ISFJ　内向—知觉—感性—确定

热心、有责任心、忠诚、体贴、乐于助人、冷静、专注、温和、开放、实际、有耐心、有责任感、独立、遵守规则、敏感、有全局观、主动、注重实效、有礼貌、愿意给予、不爱竞争、有同情心、严格、传统、刻苦。

这种性格是所有性格当中，最具有服务导向性的。他们非常关心他人，与内心和外在世界保持着很好的联系。他们为自己和所有人寻求和谐，是人人爱戴的管理者。这种性格倾向于从事治疗类的职业，在平静、和谐、同时自身价值得到承认的地方工作。他们不会把自己的观点强加于人，不需要控制，不傲慢，羞怯，喜欢独处。

他们能够自己找出有创意的方法来完成工作。他们在实践中学习，对抽象的事物和理论不感兴趣，宁愿执行，而不愿计划。不会抱怨按部就班的工作。原意保护自然资源。他们也具有创新性和高超技能，但他们内敛的性格使他们的贡献常常被忽视了。

性格编码13：ESTP　外向—知觉—理性—灵活

外向、实际、行动力强、生机勃勃、热诚、开心、主动、直接、无畏、警惕、机智、能随机应变、有竞争性、灵活、好交际、客观、善于表达。

他们是实际问题的解决者，愿意扮演领导者的角色，有说服力，是表达流利的沟通者和协商者。他们喜欢冒险，奉行"过今天的日子，明天再面对结果"。不能忍耐理论和抽象的东西。注意力无法长期集中。通常表现出一种很悠闲轻松的态度，看重自由和个人权利。不会提前计划。喜欢等事情发生后，再做安排。能适应现有的环境，对紧急情况反应迅速得当。对处理困难工作并且在不可能的条件下取得胜利充满热情。

是所有性格中最喜欢违背规则的类型。在层级分明的官僚机构中感觉痛苦。不喜欢受到束缚。在实践中学习。很少会在使用前阅读说明书。希望自己投入的时间、能力和金钱能取得巨大回报。总是成为人们关注的娱乐中心，是聚会上当仁不让的主角。总是愿意放弃无聊的工作，去尝试一些新鲜玩意儿。喜欢寻求刺激，摩托车、急速赛车、快艇、高空跳伞等刺激性的体育项目会吸引此类人。他们也会享受自己动手的工作。

性格编码 14：ISTP　　内向—知觉—理性—灵活

独立、沉默寡言、冷静、好奇、灵活、讲逻辑、有分析力、实际、主动、行动力强。

他们注重功能而不是形式，讲究实用而不是美观，喜欢冒险。通常表现出一种轻松的态度，看重个人权利和自由。没有废话，直截了当。对自己的直接利益非常热心、专注。时刻注意观察自己周边的世界。不习惯提前计划，喜欢当事情发生时再做反应，非常机敏。能够适应现有环境。对紧急情况反应迅速得当。总是选择阻力最小的道路。

对人生采取一种放任的态度，得过且过。不喜欢规则，不喜欢被束缚，也不喜欢把自己强加于人。对摩托车、快艇、高空跳伞等刺激性活动很有兴趣。天生会应用工具，喜欢亲自动手。对事物和客观信息更感兴趣，而不是人。

性格编码 15：ESTJ　　外向—知觉—理性—确定

有条理、严肃、周全、脚踏实地、有效率、果断、勤奋、负责任、忠诚、诚恳、保守、个性很强。做事专注，善于自我控制，也善于控制他人。

有很强的责任感，对自己的时间很慷慨，热心公益。亲切、积极、喜欢聚会，有社交天赋。喜欢表达自己的观点。大男子主义。天生的管理者，经常能做到负责人的位置，例如高级经理。希望他们的工作是实际的、直接的、客观的，目标清晰，需要坚持，能产生可以评估的效果。不惜一切代价也要兑现诺言。

思考问题的方式是什么该做，什么不该做。很难欣赏并学习他人的观点。先工作，后享乐。喜欢现有的、稳定的、层级分明的、标准化运作的工作环境，遵守规则，寻求安全感和稳定性。捍卫传统和传统价值观，服从命令，做好本职工作。很可能会在实现自身目标的过程中对他人造成伤害，而他们自己往往毫无察觉。在军中服役的很多人都属于这一类型。

性格编码16：ISTJ　内向—知觉—理性—确定

有条理、严肃、周全、注重细节、客观、善于分析、脚踏实地、讲效率、果断、勤奋、忠诚、真诚、保守、遵守规则。

有很强的责任感。值得依靠和信赖。注重个体感受，但是出于实用主义的考虑会掌握外向的社交行为。适合他们的工作应该具有实际意义，能看到有形的实际成果，工作目标清晰明确，切实可行，需要坚持跟进。他们愿意付出任何代价以兑现自己的承诺。思考问题的出发点也是该做什么，不该做什么。先工作，后享乐。品味简单、喜欢经典、传统，不喜欢过多装饰。

倾向于在稳定、层级分明的机构中工作，喜欢标准化的操作模式。注重安全感。是传统和传统价值观的捍卫者。很多的军人、工程师、外科医生和金融分析师都具备这一性格特征。

第 18 章　我的核心性格

四种核心性格

下面图表列出了四种核心性格类型，即外向常人、内向常人、外向大师和内向大师。借助前面的两个调查结果，你可以很快确定自己属于哪一种。

外向常人	外向大师
内向常人	内向大师

常人性格

内向型常人：

属于此类性格的人喜欢成为组织的一部分，在群体中工作，但是他们更喜欢相对安静、私密的工作环境，他们可以独自工作，而不是整天与人交际。他们是团队的一员，但是他们有自己的参与方式。由于他们比较内向，当他们独自一人，或与少数熟悉的朋友在一起时，表现最好。他们性格中的常人倾向又决定了他们乐于与人合作，最好的方式就是与思维接近的同事一起工作。

现代办公室中常见的格间环境很适合这类人，他们可以在半私密的环境中完成自己的工作，又不脱离群体。同时，他们能感觉到其他同事也在努力。虽然他们不经常与人交流，但他们知道任何时候他们都可以手捧一杯咖啡与附近的同仁进行工作探讨。他们是真正的无名英雄。他们安静工作，默默地与人合作。内向型常人常常是一个组织的脊梁。他们适合于各种工作，只要能够在工作中给他们一个相对独立的环境，他们就愿意为团体的共同目标做出贡献。

外向型常人：

假如你的朋友永远有打不完的电话，他很可能就是个外向型常人。成天与人交流、互动、合作、谈话是最令他们开心的事情。他们需要很多人。他们的群居性让他们一定要成为团队的一员，并且在这一团队中不断与人交流。他们有说不完的话，是各种聚会中最耀眼的人物。

他们工作和生活的方式就是通过与他人打交道来完成事情，这也是他们的乐趣所在。他们可能会问自己："既然我能直接和某人说话，干什么还要写电子邮件呢？"在职业选择上，他们往往是出色的销售代表、人事经理、接待人员、发言人、执行官、娱乐场所服务人员、护士、广告客户经理、市场代表、幼儿教师、人力资源培训师。

大师性格

内向型大师：

内向型的大师多半是专业人士。他们经常在特定领域独自工作、独立思考并解决问题。他们生活在一个私密的世界里。有些人会觉得自己是个局外人，没什么兴趣加入任何团体。他们倾向于成为学者、科学家或专业人士。有自己理解和处理事务的方式。有些属于这一类型的医生，虽然整天与患者在一起，却把大部分注意力集中在内在思想上，考虑着出了什么问题，该如何解决。事实上，有很多伟大的表演艺术家、演员、歌手和作曲家，都是内向型的大师。

在职业上，内向型大师可以成为出色的艺术家、手工艺大师、音乐家、诗人、小说家、科学家、专科医生、律师、发明家和顾问等等。这一性格类型的名人有很多，比如美国前总统杰斐逊和林肯、大科学家爱因斯坦和世界首富比尔·盖茨。可以说，在人类历史上几乎所有重大的变革都与这类人有关。

外向型大师：

这类人被称为"表演者"。他们不需要舞台，也能表演，即使面对的只有一个人，他们也会表现出最好的一面。他们是某一领域的专家，喜欢在人前展现自己的特长。例如，热爱讲课的大学教授、发言人、政治家、演员、喜剧明星、培训师。他们是富于感染力的领导者，是新思想和新产品的代言人。

像爱尔兰的流行乐队 U2 的主唱波诺、苹果电脑的创始人斯蒂夫·乔布斯和美国前总统克林顿都属于这类人。他们热爱领导者的职位，作为一个专家，他们指导、建议、引导他人。他们不仅通过非常个人化的方式来认识世界，还会乐于与人分享他们的才智与知识。

调查 18-1　　我的核心性格组合

1. 寻找并处理线索。上述哪一描述最符合你自己的性格？你的性格可能会是某些类型的组合，例如你有40%的常人特质和60%的大师性格，这样的话，你需要找一个符合你独特性格的工作。

2. 有没有确切的择业要素？例如，"我想作为一个常人，为某个团队工作，我的工作内容应该由两方面组成，一半与人协作，一半依靠我自己就能完成"。把这样确切的择业要素记录到事先准备好的笔记本上去。

3. 有没有重要线索？如果有些内容你还需要再想想，先记录到重要线索栏中。

第19章 天生角色

这世界是个舞台，所有的人，无论男女都是演员；他们都会登台，也都会退场，每个人的一生都会扮演很多角色。
——威廉·莎士比亚（William Shakespeare，英国著名剧作家）

每个人在一生中都会扮演一些天生的角色。即使是在孩提时代，我们也会表现出自身性格所赋予我们的一些角色。有些孩子似乎生来就是领袖，有些是令人发笑的开心果，有的特别叛逆，有的喜爱冒险，有的则是个好演员。这些"原型"角色，会伴我们一生。每个人都会拥有几个与生俱来的角色。这些角色在我们人生的不同章节中轮流占据着主演的位置。这些角色之间未必有任何联系或一贯性。例如，一个黑手党的打手在工作中可能是个冷酷无情的罪犯，但在家里却可以是个充满温情的父亲。

这些角色来自于你的遗传基因，而不是任何其他原因。例如，危险的游戏让极限运动爱好者感觉特别快乐，对其他人却未必如此。

多数时候我们只知道自己在做什么，却很少注意自己为什么这样做，因为人们很少会考虑自己究竟在扮演什么角色。因此，我们需要换个视角重新审视自己。

需要指出的是，在天生的角色与适合的职业之间，没有简单的一一对应的关系，下面的调查只能帮助你进一步了解你自己。

调查 19-1　　我的天生角色

有两种方法完成这个调查。简单的方法是，你自己一个人拿着书做；但是，我会推荐你邀请一些亲朋好友一起来做，他们的评价也许能帮你发现自己过去未曾注意的东西。

通过你与他人的对话确定自己的天生角色

1. 复印本章的内容，装订成册。
2. 分发复印件给你人生中的重要人物。请他们为你寻找你所扮演的各种角色。特别重要的角色请选择（3），中等重要角色选（2），其他次要角色选择（1）或（0）。
3. 自己阅读全章，选出你实际扮演的角色而不是你喜爱的角色。
4. 完成后，比对自评和他人的评价。

如何确定自己的天生角色

1. 寻找线索。不要忘记你的侦探身份！阅读下面几页列出的天生角色，选择最符合你的角色。我建议你的选择最好不要超过 10 个。有时候你需要换个角度来打量自己，才能发现自己的角色。

所有这些角色都是按类型划分的。其中有四组角色是根据你的性格类型编码的中间两个字母来划分的。比如，你的性格编码是 EN-FP，那么你的中间两个字母就是 NF，你就应该格外注意角色分类中"符合直觉—感性者（NF）的角色"。

基本角色

孩子　（0）____　（1）____　（2）____　（3）____

这是个我们共同拥有的角色。从某种角度上来说，那个童年的自己一直都和我们在一起。这一角色的正面在于，心里住着一个孩子的人能永葆青春。他们能活得轻松、惬意，爱开玩笑，保有某种可爱的天真，生气勃勃。其负面影响在于，有些人永远也长不大，不能像成年人那样承担责任。他们害怕面对人生中未知和不能预测的部分，总是希望被别人保护、被照顾。

他们只关注如何满足自己的需求。他们像个顽皮的捣蛋鬼，总想成为众人注意的焦点，难以与别人建立成熟的关系。在择业的问题上，他们要么希望别人帮他们做决定，要么信奉"顺其自然"，不会把它当作人生中的大事来认真对待。在遇到困难时，每个人心中的孩子都会跳出来，因为回避危险和艰难的抉择是人类共同的天性。

母亲 (0) ___ (1) ___ (2) ___ (3) ___

培育者，生命的给予者。母亲总是无私的、忠心耿耿的照顾者或保护者。虽然，从生理的角度来说，母亲总是女性，但是这里指的是人们在日常生活中扮演的角色，无关男女。他们可能已经拥有了自己的孩子，或正在热切盼望中，这个角色也会以其他形式表现出来——例如，全心全意保护环境或其他什么事情。

父亲 (0) ___ (1) ___ (2) ___ (3) ___

即使是在家庭之外，也会有人扮演这种勇敢无惧的男性家长角色。父亲的角色需要在人生的艰难抉择中承担责任、发挥领导带头作用。具备这一角色特征的人在办公室里能成为优秀的管理者，在运动场上能担当优秀的教练，在家庭中可以成为好爸爸。但是，这一角色的负面影响是滥用权利，产生过强的控制欲，专制，要掌握一切。

战士 (0) ___ (1) ___ (2) ___ (3) ___

战士总是立场坚定，而且勇于为自己的立场而战。他们的对手可以是任何人或事——另一些战士、不公正的事情、疾病、社会痼疾、人性弱点、未完成的目标。为了达成目标，战士愿意付出一切，不管面临何种困难，不管他们感觉多么不适。"段位"较高的战士向往的是"不战而屈人之兵"，他们看重的不是争斗本身，而是目标的实现。

具备这一角色特质的人，无论男女，都愿意保家卫国、战死沙场；有些则会对社会中的不公正现象发起挑战；有些则乐于参与激烈的商业竞争。战士角色的阴暗面主要表现为一种不能停止的冲动，热爱争斗本身，而不是实现目标。

英雄 (0) ___ (1) ___ (2) ___ (3) ___

英雄的表现形式多种多样。真正的英雄都是来自普通人，他们受到某种使命的召唤，而这项任务甚至超越了他们当时所具备的能力。他们目标明确，毫不动摇，在这个过程中克服重重困难，并从这些经历中脱胎换骨。

英雄的旅程既可以是真实世界中的冒险，也可以是内心世界中对于智慧与个体完善的追求。他们要不断克服人性的弱点，抵抗心中恶魔的声音。

对于本书的读者来说，内心寻找理想工作的强烈愿望正引导你们开始一段英雄的旅程：你们要对抗的是某种顽固的成见——认为工作毫无乐趣是正常现象。（"假如它是有趣的，那就不叫工作了。"）

喜剧演员　（0）____ （1）____ （2）____ （3）____

大师级的小丑、恶作剧者、爱开玩笑的人。喜剧演员的强项是让人大哭大笑或引人深思。他们能看到日常生活中的可笑、荒谬之处。他们让我们嘲笑自己的愚蠢。他们用特有的权力揭示我们大多数人为了表面的正确而掩盖的事实。

领导者/国王/女皇　（0）____ （1）____ （2）____ （3）____

有些人具备"不怒自威"的气质，似乎生来就有一种贵气，一种权威感，永远充满自信；他们也被其他人视为天生的领导者。好像继承了皇家的血脉。

当管理者在执行计划、处理细节的时候，领导者看到的是更高层面的全局，与此同时，他们并不脱离实际——也会注意到森林里的每棵树木。

当他们认识到权威与权力之间的区别时，他们就真正成熟了——他们应用的是智慧、说服、身体力行，令人心甘情愿跟随他们，而不必使用强迫的方式管理自己的王国、公司、组织或家庭。

王子/公主　（0）____ （1）____ （2）____ （3）____

王子和公主总需要被人照顾。他们认为自己与众不同，天生就受人尊重与喜爱。他们脆弱，总需要别人注意他们、崇拜他们、溺爱他们。这类人的独立性很差，可能永远也不具备独立生活的能力，永远依附于他人。

金钱先生　（0）____ （1）____ （2）____ （3）____

自从人类文明出现以来，有些人对于金钱就表现出强烈的好感——拥有它、保存它、投资它、应用它。他们理解金钱游戏的复杂规则，并以此为工作。他们与金钱有一种天然密切联系。想要挣很多钱并不等于你扮演的角色中一定包括金钱先生，除非你每天花费大量时间研究投资之道，对复杂的金融业务乐在其中。

公共角色或社会角色

外向的人　（0）____ （1）____ （2）____ （3）____

生来多话、外向、爱交际，对他们来说，世界的全部意义都与人紧密相关。他们大多拥有复杂的社会关系，宁可出门结交新朋友，也不愿在家读本书。

外向和友好并不能画等号，也并不比内向更"正常"。外向的人最适宜与人合作，很多销售人员、经理、教师或广电新闻从业者都属于这一类。不过，每个人都同时具备外向和内向的气质，只是两者所占的比例不同而已。

群体工作者/队员 （0）____ （1）____ （2）____ （3）____

忠诚的队员总是通过与人合作，为团队更大的目标贡献自己的力量。无论内向还是外向，领导者还是跟随者，75%的人都具备这一倾向，更愿意在群体（如公司、团队）中工作。他们乐于成为团队的一员，而不是个鹤立鸡群的专家。服务或零售行业的管理人员、政府工作人员和军人当中有相当部分都属于这一类。

市场商人 （0）____ （1）____ （2）____ （3）____

天生的鼓动者，公共关系和公共事务的专家。他们喜欢交流传播，向受众推介某种观点、产品或服务，或者说服他人加入他们的行列。他们喜欢推销的工作，或说服别人相信某事。

关系人 （0）____ （1）____ （2）____ （3）____

这类人会不断的构建社会关系网，网罗那些可能对实现其目标有帮助的人物。有技巧的网络工作者不仅会从中获得自己想要的，还会给予别人帮助，使得自己的关系网成为分享资源、提供支持的地方。有些人会成为中间人，忙着把各类人物拢到一起；他们出入各种场合，参加俱乐部、协会等不同群体的活动，介绍人们互相认识。

艺人 （0）____ （1）____ （2）____ （3）____

艺人在古代扮演的就是讲故事的角色。在他们看来，故事就是现实。他们不会让真正的事实破坏一个好故事。他们享受制造紧张气氛，吸引大家注意力的感觉。有些人乐意成为销售人员，还有些人会成为鼓舞他人的老师。在文字开始传播之前，卖艺人就是部族历史的记录者和传播者。

政治家 （0）____ （1）____ （2）____ （3）____

他们的基本性格特征就是追求某种具备权势和影响力的位置。好的政治家关注公共利益，为了推动社会进步会抛弃自己的个人得失。伟大的政治家通常都具备多种角色的特质，包括领导者，市场商人，交易人和关系人。政治家的阴暗面主要表现为通过欺骗、玩弄权术等方式来获得权力，为个人牟利。

交易人 (0) ___ (1) ___ (2) ___ (3) ___

他们可能同时具有关系人，政治家和商人的部分特质，能搞定各种生意，签订不同的合同。有些很会交朋友、拉关系，带来双赢的结果。还有些则擅长说服别人接受建议，即使这项建议只有利于他们自己。他们很了解人的行为动机是什么，什么能促使他人下定决心、做出最后决定。销售人员、市场专家、政治家和外交家的群体中常常见到这种人。

内向者 (0) ___ (1) ___ (2) ___ (3) ___

天生就比较安静、内向、拘谨，经常思考但很少说话。他们拥有丰富的内心世界，需要应用其头脑或双手的工作最适合他们，例如作家、手工艺者、律师、研究员、科学家、艺术家等等。

内向并不等于羞怯或缺乏自信，只是更关注内部世界。内向和外向一样，是再正常不过的。有些人可能会掩盖自己的真实天性，强迫自己从事某些外向型的工作。内向可能会导致对工作过于专注、直至筋疲力尽，如果不考虑这一点的话，内向并不是一种弱点。

隐士 (0) ___ (1) ___ (2) ___ (3) ___

只有很少一部分人才喜欢与世隔绝的生活。多数内向的人都不是隐士。两者的区别在于内向的人拥有社交生活，而隐士则没有。后者宁可独自生活、工作，他们把与人交往看作是一种负担。

冒险家的角色

自由主义者 (0) ___ (1) ___ (2) ___ (3) ___

随遇而安地生活，任何事都可以重来一遍，这世界是个有待探索的游乐场。思想开放，自由自在，有艺术气质，不受社会习俗与传统的约束，不想被束缚，对抗或回避权力，也不愿控制别人。艺术、娱乐、旅游、咨询或独立经营类的工作都会吸引这类人。他们的弱点是难以长期关注同一件事物，并成为某方面的专家。

自然爱好者 (0) ___ (1) ___ (2) ___ (3) ___

他们对大自然很感兴趣，对于自然界中的光线、声音、气味和潜在的危险都很敏感。这是一个古老的角色，可以追溯到我们以打猎为生的先祖那里。他们对周围的自然环境非常敏感，但很可能对城市的复杂性与危险毫无概念。这类人的业余爱好包括观鸟、打猎、骑马。他们选择的工作很可能是地理学家、海洋学家、环保主义者。

寻找者　　(0) ____　(1) ____　(2) ____　(3) ____

寻找真理和智慧，他们试图了解未知的一切，想知道"我是谁""真相究竟是什么"。他们充满好奇，永远都在提问、研究。他们的弱点是沉溺于某些毫无目标、无穷无尽的研究之中，他们害怕停下来，因此根本不想发现什么真相。

反叛者/规则破坏者　　(0) ____　(1) ____　(2) ____　(3) ____

他们对传统提出质疑，总是试图摆脱规范。他们的能量使得社会摆脱旧俗，他们的代表是社会活动家、批评家、科学家、喜剧演员、艺术家和诗人。他们带来变化，让世界焕然一新，对现实提出挑战。他们的黑暗面表现为破坏，比如罪犯，不仅害人而且害己。有的人甚至成为了媒体热衷报道的白领罪犯：具有 MBA 甚至法律的高学历，但却为了个人目的，不惜铤而走险。

冒险家　　(0) ____　(1) ____　(2) ____　(3) ____

他们胆大妄为，多数人认为危险的事情他们反而最愿意尝试。有的成为了特技演员，有的则投身如赌场一样刺激的商场。人类历史的很大一部分都是由成功的冒险家书写的。我们今天享受的种种便利很大程度上要归功于当初有人敢于尝试并获得成功。他们的黑暗面表现为挑战系统，走得太远以至成为了罪犯。

反社会的角色

人们通常所说的"反社会"有可能就是要改变人类社会已知（已接受的）边界。这样的人很可能成为推动人类社会进步的重要力量。但是在这里，我们所说的"反社会角色"无意于贡献社会，他们屈服于人性的负面，甚至刻意制造伤害。

出卖者　　(0) ____　(1) ____　(2) ____　(3) ____

我们每个人都曾经或多或少扮演这个角色，它是否在你的性格中占据主导地位要看时间长短而定。出卖者做选择时只考虑利益，看什么简单而不是看什么正确，为了钱、权力、舒适、安全感或地位，他们可以出卖自己的梦想或价值观。最常见的表现就是选择一份并不喜欢的工作，为了社会地位与自己不爱的人结婚。

罪犯　　(0)　___　(1)　___　(2)　___　(3)　___

这个词和日常生活中常见的用法不尽相同。监狱中的绝大多数人都符合这个定义：有违法行为的人；但是他们都未必符合这里的定义。罪犯是指在追逐个人权力与财富时，不关心、不在意自己对他人造成的影响与伤害。他们可能有反社会人格，也可能是对自己的行为后果无动于衷而已。电影里的黑手党当然符合这个标准，而那些地位显赫却用一支钢笔轻松侵害他人权利的人同样也符合这个标准，例如律师、议员游说者、政客等等。

暴徒　　(0)　___　(1)　___　(2)　___　(3)　___

他们用武力控制他人，无论是用体力还是用蛮横的性格，他们都要达到自己的目的。

按性格类型分类的角色

无论你属于哪种性格，下面任何一个角色都有可能属于你。因为它们通常具有某种共同个性。你要特别注意属于自己性格类型的角色，但同时也别忘了看看其他部分，以确保找出最适合自己的那一个。

知觉—理性者常常扮演的角色：下面一组角色最常见于性格类型属于知觉-理性的人（ST），包括 ESTJ, ISTJ, ESTP 和 ISTP 四种性格类型编码。如果你是上述四种的一种，你应该格外注意。

经理　　(0)　___　(1)　___　(2)　___　(3)　___

天生的组织者和管理者，虽然经常处于领导的位置，但却无需具有天生的权威或者什么远见卓识。他们是监督人，是队长，能保证完成工作。无论在公司、在家里还是在聚会上，他们都能给混乱的场面带来秩序。他们负责确定日程，制定计划，协调行动，统筹资源，最终使任务胜利完成。

建筑师/设计师　　(0)　___　(1)　___　(2)　___　(3)　___

生来就要搭建、修补，为现实问题寻找解决方案的工程师。他们在童年时候就会展现才能，用积木拼出让父母大吃一惊的东西。所有的工程领域，如建筑、信息工程中的软、硬件都是适合他们的游乐场。他们制造并使用工具，让我们的日常生活变得更加高效。他们的乐趣就是制造现实世界的物品以满足人们的需求。

运动员　　(0) ____　(1) ____　(2) ____　(3) ____

他们的目标就是要挑战人类极限，无论是身体上的还是精神上的。体育精神就表现在对身体和精神技巧的无尽追求中。有些人可能不是那么喜欢竞争，只是单纯喜爱某项体育运动而已。奥林匹克的参与者、职业运动员、古典音乐大师、马戏表演者、舞蹈演员、特技演员、军人、战斗机飞行员、探险家、救援人员都是这一类型的。

识路人　　(0) ____　(1) ____　(2) ____　(3) ____

走在城市中，他们能敏锐感知即将发生的事情。他们碰到的人有什么动机，可能出现的危险，他们都能察觉。他们的行动总是和生存紧密联系——知道在正确的时机过马路。有这种特质的人很容易成为警察、特工、消防员或急救人员。

保护者　　(0) ____　(1) ____　(2) ____　(3) ____

他们维护传统、规则、法律、习俗和社会道德。他们的世界观只有两分法：什么该做，什么不该做；对和错；黑与白。他们按规矩行事。他们保卫祖国和荣誉，一旦认定自己属于某个群体，他们就会格外忠诚；他们努力保护重要的价值和生活方式。他们很容易成为武警或执法者。

可信赖的人（帮手/助手/服务者/陪伴者）　　(0) ____　(1) ____　(2) ____　(3) ____

他们是完成工作的得力助手。他们的力量、投入、忠诚和支持他人的天性使他们成为组织的真正脊梁。副总统、首席运营官、总经理、特别助理和秘书都是他们胜任的职位。但这些人对站在台前的职位没什么兴趣，宁愿在幕后工作。服务、照顾、让他人感觉愉快也能给他们自己带来乐趣。这类人有的成为了侍应生，进入了服务业；有的则成为了厨师，或经营小旅馆，或驾驶出租车。这类人的价值经常被大大低估。

知觉－感性者常常扮演的角色：下面一组角色最常见于性格类型属于"知觉－感性"（SF）的人，包括ESFJ、ISFJ、ESFP和ISFP四种性格类型编码。如果你是上述四种的一种，你应该格外注意。

教师/导师　　(0)　____　(1)　____　(2)　____　(3)　____

他们的天性是教育、引导、向他人传授知识和智慧。不同的是，教师面对的一群学生，而导师辅导的可能是特定的某一个弟子。

治疗者　　(0)　____　(1)　____　(2)　____　(3)　____

今天的治疗者和我们古代祖先依靠的巫医一样，能治疗疾病，使人恢复健康。但是有意思的是，现在的很多医生都不认为治疗者是他们扮演的主要角色。

照顾者　　(0)　____　(1)　____　(2)　____　(3)　____

他们的主要性格特征是生来就想照顾别人或动物。他们不带偏见、友善、乐于照料别人，这种天性让他们周边的人感到很舒服。他们能充分理解他人，使病人恢复健康，使遇困者走出危机，让老人得到妥善的照顾。他们可以成为最好的护士、临终关怀的专家和临床医师。

爱动物的人　　(0)　____　(1)　____　(2)　____　(3)　____

能与动物王国建立某种联系。他们喜欢和动物呆在一起，而且特别会与动物沟通。这类人喜欢的工作包括训练、照顾和治疗动物，例如自然主义者、动物园的工作人员、环境学家、赛马训练师、骑师、搜救犬训练师、兽医、热心的宠物主人，以及防止虐待动物协会的工作人员。

手艺人　　(0)　____　(1)　____　(2)　____　(3)　____

他们都是能工巧匠，善于创造美丽的或有实际功用的小玩意。他们多半都具有设计师的品位：对于设计、颜色、味道、触觉等方面的细微差别都有敏锐的感知能力。大厨、服装设计师、室内设计师、景观设计师、石匠、文物保护学家、古玩鉴定家、家具制造师、乐器工匠、酿酒师、音乐家、化妆师和美发师当中有相当比例的人都属于此类。

享乐主义者　　(0)　____　(1)　____　(2)　____　(3)　____

他们追寻快乐，他们活在当下，信奉的哲学是"假如现在就能享受，那还等什么呢"。他们是购物狂，属于冲动型购物者。这类人的负面表现是生活缺乏理性，没有长期目标，难以形成稳定的人际关系。

感官主义者　（0）＿＿　（1）＿＿　（2）＿＿　（3）＿＿

他们认为人生就是一场感官的盛宴，需要在这世界里不断寻找感官乐趣。他们热爱音乐、艺术、美食、自然、香水和美女等美好的事物。和享乐主义者不同的是，感官主义者没有那种几乎是强迫症的冲动，即所谓的"要快乐，就在现在、现在、现在"。

直觉—理性者常常扮演的角色：下面一组角色最常见于性格类型属于"直觉—理性"（NT）的人，包括 ENTJ，INTJ，ENTP 和 INTP 四种性格类型编码。如果你是上述四种的一种，你应该格外注意。

科学家　（0）＿＿　（1）＿＿　（2）＿＿　（3）＿＿

要通过试验的方式努力认识这个世界。他们要了解人生中种种神秘的事物，试图为自然或宇宙的运行规律提出解释。有些人关注的是客观的物质世界，有些人则对社会科学或心理学更有兴趣。

调查者　（0）＿＿　（1）＿＿　（2）＿＿　（3）＿＿

有的是调查凶杀案的侦探，有的是研究癌症疗法的科学家。他们的共同点是有着发现线索的敏锐嗅觉和忍不住要找出真相的冲动。他们对周边的环境保持高度的警惕，因而能发现别人不曾发觉的线索。侦探、科学家、发明家、科幻作家、律师和罪案现场的刑侦专家中都能找到这类人。

创业者　（0）＿＿　（1）＿＿　（2）＿＿　（3）＿＿

天性喜欢创新，创业者总是白手起家，运用各种天赋、能力创造前所未有的商业帝国。他们引以为豪的是他们的成功依靠的是自己，自己的资源、能力和知识。

革新者/先锋　（0）＿＿　（1）＿＿　（2）＿＿　（3）＿＿

去前人未曾抵达的地方，探索未知的领域。革新者带来的是新的想法、新的事物、新的系统、新的理论、新的技术和新的发现。他们是范例的改变者，永远行走在未知的边缘。先锋与他们很类似，但是也有不同之处：他们更喜爱的不是创造新事物，而是探索未知，或者尝试应用最新的科技。他们的做法可能得不到社会的认同，他们自己也可能成为现状维护者们批评的对象。

业余爱好者　（0）＿＿　（1）＿＿　（2）＿＿　（3）＿＿

他们对某些事物具有特别的兴趣，但是却缺乏动力（或是天赋）成为这方面的专家。他们喜欢的事物非常广泛，包括体育、艺术、烹饪、汽车等等在内，虽然充满热情，却无意以此为生。有些人太过专注于自己的业余爱好，在其他方面的成就甚至比其工作表现还要棒。认识到自己是否属于这一型很有意义，可以提醒你不要在业余爱好上投入太多精力，反过来，假如自己从事的工作并非自己的爱好也不必太过沮丧。

批评家　（0）____　（1）____　（2）____　（3）____

批评家拥有鹰的眼睛，狗的鼻子和蝙蝠的声呐系统。他们生来就喜欢挑错，想找出事情背后隐藏的真相。他们似乎有着一种与生俱来的谎言判别器，闯入其雷达观测范围的任何事情都可能招致他们的批评。

科技怪人　（0）____　（1）____　（2）____　（3）____

他们的唯一感兴趣的就是电脑、网络、科技，除此之外，他们对什么也没兴趣。过去，人们对这类人的印象通常是负面的，认为他们不善交际。现在，这种观点逐渐发生了变化，因为此类人很多都已经成为了亿万富翁。

终生学习者　（0）____　（1）____　（2）____　（3）____

他们是从不间断的学生，对学习永远充满了兴趣。人们多半希望自己的一生属于这一类型，因为医学知识的更新速度实在是太快了。

直觉—感性者常常扮演的角色：下面一组角色最常见于性格类型属于"直觉—感性"（NF）的人，包括 ENFJ, INFJ, ENFP 和 INFP 四种性格类型编码。如果你是上述四种的一种，你应该格外注意。

导师/教练/顾问/临床医生　（0）____　（1）____　（2）____　（3）____

这四个角色在某一方面非常类似，他们都是和一个人或一群人一起工作，帮助他们实现特定目标或掌握某些新内容。

导师是老师这个行业中的最高级别，他们通过长时间的努力，成为某方面的专家之后，再把自己的经验、智慧传授给其他人。导师传授原则，讲述事物的核心问题，他们本人多半也是所属研究领域贡献最大的人物。

教练的任务是帮助有天分、有决心的人达成特定的目标。教练与队员的关系应该是真正的伙伴。现在，除体育教练之外，我们已经看到了各种类型的教练，例如，精神教练、恋爱教练、职业教练等。

顾问提供建议和信息。律师、心理学家、内科医生和教授都属于这一角色。他们依靠专业的知识和多年的实践为你提供最好的建议。

临床医生帮助的是那些需要帮助、受某种"病症"折磨的人。与其他角色不同的是，他们处理的内容都是人们公认的问题或缺陷。

魅力人物　（0）____　（1）____　（2）____　（3）____

他们总能把人迷住，或用故事、思想，或用腔调、外貌。他们总是思维敏捷，能应用自己的魅力或才智轻松说服他人。美国前总统约翰·肯尼迪和罗纳德·里根就是政治家中魅力人物的典型代表，他们把个人魅力和领导者的特质很好地结合在一起。推销员和总裁，还有为博物馆筹措资金的总监，都属于此类。他们的负面表现是操作或引诱别人进入陷阱，以满足自己的私欲。

浪漫者　（0）____　（1）____　（2）____　（3）____

他们对于生命、人、文化、艺术、音乐、美食、科学、技术、未知事物、神秘现象都充满了热爱。他们很难脚踏实地，总是遨游在浪漫的星空之中，充满希望，寻找激情，因为他们会觉得现实是无趣的。

艺术家/诗人　（0）____　（1）____　（2）____　（3）____

艺术的眼光总是穿越每天的现实生活，进入隐形的思想世界，那里有真实、美好和人间的悲喜剧。莎士比亚、马克·吐温、毕加索、约翰·列农和林肯都是这种人，他们通过不同的形式，包括诗歌、戏剧、绘画、建筑、音乐甚至政治，向人们传达了自己丰富的内心。天才的科学家爱因斯坦也同时兼具了科学家和艺术家的特质。

幻想家　（0）____　（1）____　（2）____　（3）____

幻想家的眼光总是超越日复一日的平常生活，转而幻想新的可能性，包括新的想法、观点、模式、方法或自我表达的方式。

倡导者　（0）____　（1）____　（2）____　（3）____

他们是实现理想的支持者，是个人、群体的保护者，对于他们深信不疑的东西，他们不惜一战。他们之中有许多理想主义者，会因为社会的不公正和缺点而战斗。非盈利性组织的负责人、环保主义者、立法者、律师、慈善家多半都属于此类。

调停者/和事佬　（0）____　（1）____　（2）____　（3）____

他们在争论双方之间找到沟通的桥梁，他们具备外交手腕，能把不同的人团结到一起，他们是帮助人们解决争端的调停者。

现在，你应该明确了自己扮演的角色。

2. 处理线索。

- **为角色打分**。你最多只能选择 10 个适合自己的角色，为它们打分。3 分是最高分，意味着"在我的一生中一直存在"；2 分是较高分，意味着"我人生中的重要部分之一"；1 分是次要角色，"说的没错，但是只是我人生中很小的一部分"；0 分意味着"我从不扮演这种角色"。假如你给某个角色打了 0 分，你最好回头看看为什么自己当初会选择这个角色，确定自己的确不曾扮演这个角色之后再另外选一个。

- **排序**。好好研究那些得分较高的角色，找出重要角色。试着区分你工作上和生活中愿意扮演的不同角色。以我自己为例，我是个对自然颇敏感的人，我的童年时光经常在树林里度过，我有很多动物朋友，喜欢看有关自然的电视节目。现在，我仍然住在每天都能看到野生动物的树林里，但是在工作上，我并不想做那些与自然有关的事情。

- **找出主要角色**。在你确定的重要角色之中找出你认为最主要的那个。假如你不能确定，可以问问亲友，让事情变得清楚起来。有时候，最重要的可能不止一个而是两三个。例如，美国总统林肯从众多角色中选出的答案可能包括领导者、英雄、父亲、政治家和交易者。因为任何单一的角色都不足以确切描述他，只有把这些选项综合起来，你才能大致了解他的一生。对你来说，情况也是一样。不过，最好还是能确定一两个主要角色。

- **你的主要角色是如何表现的？**在你的人生中，需要做出抉择的重要关头，你展现的究竟是哪一个或几个主要角色呢？你的人生目标、你最关心的事情、你的具体行为是否受到主要角色的影响？以主要角色是母亲的人为例，有一部分人可能不介意自己的工作，干什么都行，因为他们只想回归家庭；而另一些则对照顾他人的工作很有热情。那些对自然敏感的人可能不愿意在室内工作。

- 你的父母是否期望你扮演某种角色？他们会不会鼓励扮演某种不符合你天性的角色？他们一生中的重要选择受到了哪些角色的影响？你正跟随他们的足迹，还是按照自己的天赋走自己的路？
- 你天生的角色对你是否有负面影响？例如，属于"孩子"类型的人可能会表现得很无助、乱发脾气、不愿长大。"喜剧演员"的负面表现则是伤害他人取乐。至于"战士"的负面形象，我们在各种电影里已经见了很多。当然，它也有其他表现形式——例如一个在学习上盲目钻研的学生，他们不怕白费力气，一心只想证明自己。

3. 把确切的择业要素记录在案。把它们加入到你的确定择业要素名单中。

4. 重要线索。有待进一步研究的部分请标注为重要线索。

5. 研究职业。在"有待研究职业清单"中写下你感兴趣的工作职位。

- 哪些职业能最大限度地发挥你的主要角色？你可以做个头脑风暴，或者把这个问题拿去请教身边有经验的人。
- 吸引你的职业与你的天生角色之间是否存在某种联系？这些联系是什么？

第 20 章　工作职能

无论是受雇于人还是自己创业，你获得回报的原因只有一个：你在工作中承担了某种职能。几乎所有热爱自己工作的人都是因为他们的天赋和后天学习的各种才能能够在工作中得到充分发挥。现在我们要从工作职能的角度来寻找适合你的工作。

你能做好的工作不一定就是最理想的工作。我过去曾经干过清理马粪的工作，而且干得很棒，但是这并不能令我满足。这种工作在第一天的前 10 分钟之内还是很有趣的，此后就成了一种折磨，即使农夫们都说我很有这方面的天赋。对于工作来说，仅有能力是不够的，你还要找出你愿意每天担当的职能。

三种基本工作职能

职场上有成千上万头衔，但是其背后的工作职能却只有三种，按照工作对象来划分，主要就是人、事物和信息。

有些工作处理的对象只有一种，例如，一个粉刷匠每天面对的都是"事物"，比如刷子、梯子、房屋和涂料。还有些工作要面对不同类型的对象。一个软件销售员每天既要和人打交道，又要了解相关的技术信息。

多数职业都是以一种职能为主的。例如，客服人员、管理者和临床医生的工作职能是以人为核心的；电脑程序员、音乐人、编辑的工作是以信息为核心的；结构工程师、雕塑家、景观设计师的工作对象则以物为主。

职能是所有工作的核心

要找到适合自己的完美职业就必须考虑职能的问题。你要选的不是一个好听的头衔，而是每天的实际工作内容。"废弃物处理员"的头衔很好听，但实际工作内容就是垃圾分拣。

同样，不同领域的工作可能具有同样的工作职能，无论你卖的是西红柿还是药品，你的工作职能都是销售；而在学术领域，无论是生物、物理还是心理学，写论文、做理论研究都是基本的职能。珠宝设计、烹饪、美发造型和整形手术等这些领域创作的作品各有不同，但工作职能都是立体艺术设计，需要有挑剔的眼光、独特的审美，熟练应用工具。

工作越复杂，涉及的职能也就越多。一个在医学院附属医院工作的外科医生，除了要面对患者治疗疾病之外，还要教育学生，可能还有一些医院的行政工作要处理。

我怎么知道哪些职能适合自己？

很简单，回顾你的一生，有些事情你似乎天生就比别人干得好，这是你判断的基础。技能是后天习得的，与天赋无关；技能对你的老板来说很重要，但是在你决定要有个老板之前，你必须确定自己喜爱的职能是什么，这才是让你多年后依然感觉幸福的秘诀。

最理想的方式是在你进入大学之前就确定这一点，然后再选择专业。可惜情况通常不是这样，很多对商业感兴趣的年轻人都会选择会计专业，到头来却发现会计工作的基本职能是记录、分类和分析数据，让他们觉得很无聊。

这些人在选择专业时忽视了自己的天赋，在择业时被某些看似光鲜的头衔所迷惑。如果你对于数字分析没有天赋，会计或金融类的工作对你来说就会成为折磨。

调查 20-1　　你适合什么工作职能

本项调查的目的是帮你确定未来职业的主要职能。测试重点是把后天学习的技能与你的天赋区分开来。

1. 阅读下面对工作职能的描述，选出自己天生擅长的部分，打钩，不要超过 15 个。

2. 请教身边的密友或亲人，看他们的意见如何。假如你是男生，更要这么做，因为男生通常比较粗心，不会注意到很多细节。

3. 回头看看自己选出的部分，然后给这些选项打分：1 分最低，5 分最高。做完后，会有指示告诉你接下来怎么办。

以人为核心的职能，以一对一的关系为主

- **解决问题，提供专业建议**
——①②③④⑤教导，一对一的教育、指导、培训
——①②③④⑤咨询，训练，指导，授权
——①②③④⑤医治，处理某种疾病或问题，修复
——①②③④⑤建议，协商
——①②③④⑤评估，评价
——①②③④⑤确诊，分析、理解某人的需求、情绪、动机、反应和行为
——①②③④⑤应用直觉或非语言信息理解他人
——①②③④⑤观察，学习行为
——①②③④⑤其他

_____

- **辅助，帮助，招待，娱乐**
——①②③④⑤鼓励，支持
——①②③④⑤提供精神上的支持
——①②③④⑤推广，成为他人的代理
——①②③④⑤倾听
——①②③④⑤对他人表现出理解和耐心
——①②③④⑤帮助他人处理信息
——①②③④⑤帮助，服务，提供必需品

——①②③④⑤协助，照顾
——①②③④⑤招待
——①②③④⑤交谈，娱乐，取悦
——①②③④⑤给予快乐
——①②③④⑤运用个人魅力
——①②③④⑤其他

- **管理、告知、常见管理行为**
——①②③④⑤建立并维持关系
——①②③④⑤选择，排除，雇佣
——①②③④⑤管理，监督
——①②③④⑤下达指令，提供信息
——①②③④⑤说服，销售，激励，影响，招募
——①②③④⑤面试
——①②③④⑤言语交流
——①②③④⑤组织，介绍
——①②③④⑤建立关系网
——①②③④⑤与人交流，仲裁
——①②③④⑤其他

以人为核心的职能，对象是群体、组织或公众

- **解决问题，为群体提供专业建议**
——①②③④⑤授权给群体
——①②③④⑤指导，教育，培训群体
——①②③④⑤帮助群体治疗疾病，解决问题
——①②③④⑤诊断，分析，激励群体的需求、动机、情绪、反应或行为
——①②③④⑤运用直觉或非语言信息理解群体或处于群体中的个体
——①②③④⑤提供咨询，提供群体的生产力，影响组织行为
——①②③④⑤建议，提供意见
——①②③④⑤设计活动或策划教育体验
——①②③④⑤发起各种比赛、活动

——①②③④⑤其他

- **管理，领导，与群体互动**
——①②③④⑤管理、领导一个群体、组织或公司
——①②③④⑤创造、发起或建立一个公司或群体
——①②③④⑤监督、领导群体
——①②③④⑤组织的一员，例如交响乐团的乐手
——①②③④⑤在业余活动，例如比赛、旅行中领导团队
——①②③④⑤帮助不同群体解决争端，把有矛盾的群体组织在一起
——①②③④⑤激励团队
——①②③④⑤帮助、组织团队
——①②③④⑤其他

- **影响、说服团队**
——①②③④⑤游说、说服、激励团队
——①②③④⑤运用个人魅力
——①②③④⑤连接不同群体
——①②③④⑤与团队言语交流，公开演讲或通过媒体表达观点
——①②③④⑤用艺术、音乐、写作、电影或其他形式与人交流
——①②③④⑤其他

- **招待，娱乐**
——①②③④⑤招待、娱乐大众
——①②③④⑤取悦、提供消遣或快乐
——①②③④⑤表演
——①②③④⑤通过电视、电影、讲座、演讲等形式与人交流
——①②③④⑤协作、帮助、服务
——①②③④⑤其他

以信息为核心的职能,对象多为观点、数据、媒介、知识或艺术

- 创造,设计,运用想象力
  ——①②③④⑤产生新想法,创造,发明,想象
  ——①②③④⑤提出新问题,引领新思维
  ——①②③④⑤头脑风暴
  ——①②③④⑤绘画、描绘、摄影
  ——①②③④⑤原创,例如做音乐
  ——①②③④⑤用视觉或书面或使用其他媒介表达创意
  ——①②③④⑤设计广告、市场推广材料或推广活动
  ——①②③④⑤设计活动、游戏、比赛
  ——①②③④⑤设计活动或策划教育体验
  ——①②③④⑤文学创作,写小说、诗歌、散文、脚本
  ——①②③④⑤表演
  ——①②③④⑤通过电视、电影、讲座、演讲等形式表达
  ——①②③④⑤信息工程,数据库设计,电脑程序设计
  ——①②③④⑤信息构建,例如网站设计
  ——①②③④⑤设计软件
  ——①②③④⑤设计实验,探寻新事物
  ——①②③④⑤其他

- 解决问题,研究,调查
  ——①②③④⑤在各个线索中寻找联系,做出判断
  ——①②③④⑤理解数据、事件之间的模式并由此进行分析,处理或准确评估信息
  ——①②③④⑤从众多信息中找到核心原则或最重要的信息
  ——①②③④⑤分析,把众多信息组织成各个要素
  ——①②③④⑤合成,把各部分组合成整体
  ——①②③④⑤系统化,分类、排序、组织信息
  ——①②③④⑤决定搜集哪些数据或信息
  ——①②③④⑤进行研究,发展新观点、新理论
  ——①②③④⑤通过观察行为或现象进行研究
  ——①②③④⑤搜集、编辑信息
  ——①②③④⑤确定数据或信息的意义

——①②③④⑤其他

- 阅读，学习，掌握一门学科知识
  ——①②③④⑤阅读，学习，搜集信息
  ——①②③④⑤解读他人的观念、想法
  ——①②③④⑤使信息符合某种其他目的
  ——①②③④⑤把现有的观点、概念组合成新想法
  ——①②③④⑤掌握一门具体的学科知识、专业、智慧或学问
  ——①②③④⑤其他

- 批评，评价，做推荐
  ——①②③④⑤批评他人的观点
  ——①②③④⑤批评艺术作品，例如剧本、书刊或电影评论
  ——①②③④⑤严肃写作，如新闻、科技写作、非小说类的写实文学
  ——①②③④⑤专业写作，如商业、法律、科技、医学和公共政策
  ——①②③④⑤判断、评价、或评估信息
  ——①②③④⑤运用感官做出评价
  ——①②③④⑤流程改进，提高系统效率
  ——①②③④⑤风险和成本分析
  ——①②③④⑤做推荐，提供解决方案
  ——①②③④⑤检修、除错，软件维护
  ——①②③④⑤编辑，修改内容
  ——①②③④⑤运用数学、数字、统计的方法，套用公式做出评估
  ——①②③④⑤其他

- 组织，计划，改进，其他综合管理的活动
  ——①②③④⑤组织信息、项目或活动
  ——①②③④⑤项目管理、设定目标、预算、现状报告
  ——①②③④⑤计划，制定策略，预测
  ——①②③④⑤把信息翻译成另一种语言，用别的媒体形式进行

表达

——①②③④⑤编辑审读，改进语法和句法

——①②③④⑤检索或寻找信息，研究/编辑信息

——①②③④⑤在电脑中输入数据，录入，文档处理

——①②③④⑤比较，校对

——①②③④⑤会计，账目记录，商业数学

——①②③④⑤记录/储存/存档

——①②③④⑤其他

以事物为核心的职能，对象多为物体、工具、人体或物质世界

- **解决问题，理解复杂的物理系统**

——①②③④⑤理解复杂的物质系统，例如物理学、医学、工程学和科学技术

——①②③④⑤诊断和分析复杂的物理系统，比如机械师、工程师、医生、兽医

——①②③④⑤修复或改进复杂的物理系统

——①②③④⑤其他

- **创造，设计，发明事物，包括艺术品**

——①②③④⑤设计复杂的物理系统

——①②③④⑤创造新的理论，理解并解释物理系统

——①②③④⑤发明，创造，设计工具或物品

——①②③④⑤执导电影或戏剧，舞台编导

——①②③④⑤创造立体的艺术作品

——①②③④⑤其他

- **评价，批评，组装、修理事物**

——①②③④⑤评价、批评客观物体，如食品、艺术品、设计或人体

——①②③④⑤赞许、判断客观物体，如食品、艺术品、设计或人体

——①②③④⑤修理，维护
——①②③④⑤组装
——①②③④⑤其他

_____

- **制作，美化，运用工具制造事物**
——①②③④⑤雕刻，造型，加工
——①②③④⑤工艺制作（制作艺术、时尚的作品）
——①②③④⑤应用灵巧的双手（例如外科医生、牙医、手工艺人、艺术家、音乐家等等）
——①②③④⑤精确应用工具
——①②③④⑤制造或大批量生产
——①②③④⑤准备、烹饪、展示食物
——①②③④⑤选取并艺术地陈列物品
——①②③④⑤应用独特眼光进行设计或选取颜色、质地或比例
——①②③④⑤应用敏锐的感官，如视觉、听觉、嗅觉、味觉或触觉
——①②③④⑤其他

_____

- **运动，表演，应用人体解剖学**
——①②③④⑤舞蹈或舞美编导
——①②③④⑤应用敏捷的身手，综合应用身体的技巧、力量和灵巧度，从事执法、消防、急救等工作
——①②③④⑤运用空间视野，从事体操、花样滑冰、跳水等体育项目
——①②③④⑤表演特技或其他极限项目
——①②③④⑤按摩等物理治疗方式
——①②③④⑤其他

_____

- **操作机器、设备**
——①②③④⑤驾驶飞机、船只、车辆或自行车
——①②③④⑤使用大型工具，例如推土机或其他建筑设备
——①②③④⑤建筑房屋或其他大型工程，如桥梁、道路
——①②③④⑤操纵、控制机器

——①②③④⑤管理机器
——①②③④⑤使用武器战斗
——①②③④⑤安装
——①②③④⑤清理、准备、清洗、除尘
——①②③④⑤运输、储存、搬运、举重等
——①②③④⑤其他

- **与物质世界（包括自然）互动**
——①②③④⑤导航、探路、探险
——①②③④⑤农业、种植、养殖
——①②③④⑤对周边环境（如自然）保持敏锐知觉
——①②③④⑤对道路敏感，认路，保持警觉，生存能力强
——①②③④⑤打猎、捕鱼
——①②③④⑤其他

4. 看看你的选择。你的选择是否存在某种主题或指向了相似的职能？你得分最高的职能是和人相关，还是信息或事物？有没有哪个更细小的分类特别值得注意？如果有哪部分得分特别高，那一定是你需要注意的重要线索。

5. 你的选择和前面章节中发现的个人能力匹配吗？例如，有很强空间能力，动手能力强，而且感觉敏锐的人通常比较擅长"制造、美化和使用工具"的职能。

6. 尽量缩小你的职能范围，不要超过5个。有些人可能很难做出取舍。但是，我们并不是要你放弃什么，只是提醒你要把注意力放在最重要的、最常用的职业功能上。

缩小选择范围的一个重要方法是在不同职能之间建立联系，假如你选择的各种活动是某个流程中的不同步骤，你就可以把它们都归入同一职能。例如，应用直觉或非语言线索来了解他人，观察行为，倾听、评估、判断情绪和动机，提出建议，这一系列活动都可以归结为咨询或顾问的职能。

缩小职能范围的另一种方法是想象自己每天都要从事这样的工

作，在这种前提之下，有些选项就会失去吸引力，你就能抛开那些不切实际的幻想了。

7. **下定决心。**一旦你确定某些职能应该成为你未来工作的重要组成部分，把它们加入确切择业要素的清单中去。

8. 如果你发现什么重要线索，记录到你的笔记本上去。

调查 20-2　　工作职能高级测试

这项调查是为了帮助那些现在就要做出职业决定的人。

1. 首要职能。多数工作都有首要职能和次要职能之分。外科医生的首要职能是面对手术刀和鲜血，演奏家的首要职能是弹奏乐器，公共基金经理的责任则是挑选好的股票。他们多数时间内在做并因此获取报酬的事情就是他们的首要职能，虽然他们也需要做些其他事情。同时出现多个首要职能也是正常的，但是对于特定机构中的员工来说，这种情况比较少。看看你最终选出的5大职能中能否确定自己的首要职能，如果你不能，没关系，继续下面的测试。

2. 次要职能。在你最终选出的5大职能中是否有明显的次要职能或辅助性职能？例如，高端音响的销售员的首要任务当然是销售，次要任务是消费者教育、提供咨询服务并不断学习和了解关于音响的新知识。

3. 很难确定哪些是首要职能，怎么办？模拟你的工作日。创建一个饼形图，来分配你每天用于承担不同职能的时间。下列图表模拟的是一位艺术家的工作情况，他在创作的同时也负责销售自己的作品。显然，他的首要职能是创作美好事物，这一项就占据了他一天中将近一半的时间；他在次要职能上花费的时间较少，如管理和推广，但这些仍然是必不可少的辅助工作。你也可以为自己的未来职业模拟绘制一幅类似的图表。

4. 别着急，先约会，后结婚。在你真正开始承担某项工作职能之前，你需要充分了解它。你可以通过实习、志愿者工作等不同形式了解自己感兴趣的工作职能。

我有一个女客户，她的能力测试表明她具有很强的空间感，但是

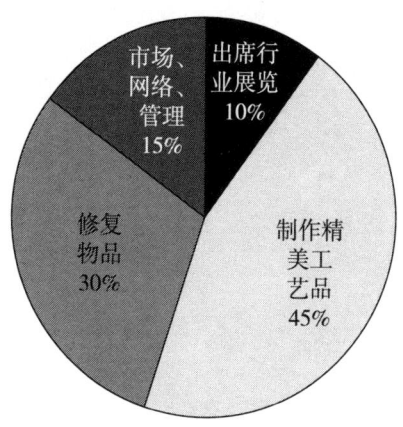

她从来没有机会施展这方面特长,她的工作是广告文案写作。为了验证自己能否胜任空间设计的职能,她购买了书籍,自学,在一个星期内完成了露天平台的搭建。她发现自己非常喜欢这类工作,现在她正在学习建筑。亲身体验是最好的办法。

5. 有决定了吗,有新的重要线索了吗? 如果有的话,你该知道要记录到笔记本的哪个部分中去。

只要是你喜欢的工作,担任什么样的工作职能,你都会很开心吗?

最简短的回答就是"不",光喜欢是不够的。

曾经有一位热爱环保的女士,她在一家非赢利性环保组织担任行政助理。她对自己的工作感到很困惑:她支持该组织的使命,认为这是一项伟大的事业,但是她不知道自己为什么会感到无聊,并有一种内疚感。她以为自己对工作期望太高了。

其实问题的根源不在她的期望,而在于她所承担的职能。接电话、安排会议、处理文档之类的工作和她的天赋并不匹配。虽然她热爱自己工作的主题,但她的才能却被闲置一边。后来,她回到学校,成了一名社会学家,她才真正爱上自己的工作。

第五单元

为什么工作？

工作要有意义，有目标，有方向，这样你才会感到幸福。永远不要低估热爱和激情对于一份职业的重要性。为什么交响乐团的指挥总是很长寿？因为他们不能放弃他们手中的"指挥棒"，你见过退休的指挥家吗？

有的人会在有趣的事情中发现意义，有的人则是因为在适合的环境中发挥了自己的才能而感到快乐，还有的人会在实现一些远大目标时发现自身的意义，你也可能在这三个方面找到自己的快乐。

不要忽视你内心奉献的渴望，这也是一种重要的动机。美国健康研究院的研究表明，慷慨和贡献能唤醒人类大脑中最原始的一部分——不是"受"的部分，而是"施"的部分。

在你们之中，只有那些愿意为别人服务的人，才是真正幸福的。

——艾伯特·史怀哲（Albert Schweitzer，诺贝尔和平奖获得者）

第 21 章　目标

> 在漫长的人生道路中，你只能击中你瞄准的目标。因此，即使会立即失败，你也应该瞄准一个更高的目标。
>
> ——亨利·戴维·梭罗（Henry David Thoreau，美国现代作家）

15岁时，我的朋友约翰·戈达德（John Goddard）坐在自家厨房里写下了127条人生目标，并决心要全部完成它们。这份清单包括考察世界上的主要河流，攀登各大洲著名高峰，驾驶最快的飞行器，研究全球的原始文化等。当他70多岁时，他已经完成大部分目标，还有很多他后来加入的新想法。他是人类历史上第一个借助小艇完成尼罗河全程漂流的人，这次探险被美国媒体称为"当代最伟大的冒险活动"。他研究了260个原始部落，旅程超过100万英里，人们称他是"真正的印第安纳·琼斯"。

如果你不希望自己的墓志铭上写着"他度过了机械的一生"，你最好为自己的未来设定一些目标。一旦你写下自己的长期目标，并下定决心，你获得美好人生的几率就会大大提高。

调查 21-1　　生命线

1. 把你的笔记本翻到全新一页，在页眉上写下"生命线"几个大字。

2. 划上一条直线，代表你的一生，在线的两头分别写上"开始"和"结束"。

3. 在这条线上划上许多垂直线，代表你人生中的每个10年。在你现在的年纪处做记号并写上"现在"，由此划定你的过去、现在和未来。

4. 从你出生开始写下到目前为止发生的重要事件，那些让你成长的重要经历、不幸的事件、你为之努力并最终实现的重要目标。

5. 现在，写下你对未来设定的具体目标。

6. 你做得怎么样？如果你能一口气列出很多目标，那你一定是个少数派。多数人几乎想不出什么，他们能写的不过是"毕业，读研究生，找个好工作，建立家庭，退休"。

7. OK，如果你对未来有清晰的目标，那么你可以直接进入下一章；如果没有，请继续阅读后面的内容。

创造你的未来

> 那些只在夜里做梦的人，一觉醒来会发现那只是一片虚无，而敢做白日梦的人才是真正的勇敢者，因为他们会睁大双眼努力实现自己的梦想。
> ——托马斯·劳伦斯（T. E. Lawrence，英国现代作家）

你怎么知道自己在某项工作中表现是出色的呢？

请找来纸笔记下你最先想到的回答。

通常人们的回答可以分为两大类：内在的和外在的。外在的回答是老板的赞许、升职或加薪。内在的回答则完全不同，你对结果感到很开心，你觉得满意，你的才华得到完全展示，你兑现了对自己的承诺，你实现了一个重要目标，你获得了某种"内心的财富"，这些证明你的工作完成得很好。我们把这种目标称为"终极目标"。

三种层次的目标

终极目标

最高层次的终极目标代表的是从内心深入激励你的更大、更广、更宽泛的热望、想法和概念，例如：

- 快乐
- 安全感
- 避免无助感
- 避免痛苦
- 生存
- 自我表达

- 贡献
- 自我满足
- 关联
- 归属
- 探求可能性
- 自我控制
- 长寿
- 生殖

- 创造
- 成功
- 发展能力
- 找乐子
- 狂喜忘形
- 和平
- 爱
- 自尊

- 冒险
- 向往
- 健康
- 控制
- 回避控制
- 正确

具体目标

第二层次是具体目标，是对终极目标的精确描述。

行动步骤

第三层次是具体、细致的任务和步骤，一步步接近并实现你的目标和计划。行动步骤实际上是一份任务完成清单。

如何设定目标

首先设定终极目标

最有效的长期目标设定应该从终极目标开始——你最深的渴望、热情和梦想。终极目标是具体目标背后的驱动力，是你追求具体目标和计划的原因。

创造具体目标

设定目标，使之与你的真实渴望保持一致。假如我们得到的并非我们真正渴望的，只有两种可能性，一种是命运的捉弄，是偶然事件；但更常见的原因是因为我们还不知道自己的终极目标是什么。

设定具体目标时一定要与终极目标保持一致。只把目标写在纸上是没用的。你要找出自己最想要的东西，即使面对巨大的困难仍然要坚持不放弃的东西。

为你人生的每个方面设定目标。除了职业生涯之外，你人生的其他方面也应该有目标，包括家庭、朋友、人际关系、自我表达、健康、娱乐和冒险、情感状态、自我发展、教育与学习等不同领域。

清晰表述自己的目标。好的目标是由具体的内容组成的，唯有确切的表述才能提高效率。因此你要尽可能表达清晰，避免模糊不清。而且目标可以测定——可能的话，设定达成目标的日期，例如，"三年内，我要找一份工作能在每天的多数时间中应用到我的最大天赋——解决有趣问题的能力"。有具体目标就像航海中拥有罗盘一样重要，只有这样你才能明确自己的方向。

写下来。不要光靠脑子记，把目标写到纸上。

设定长期和短期的目标。我建议你在自己的生命线上设定一个系统的人生计划。在你人生的各个重要方面（职业、家庭、健康等等），分别设定一个月、半年、一年、两年、5年、10年的目标。如果你能经常审视自己的目标，例如一月一次，提醒自己朝着尚未实现的目标努力，也许你能取得更丰硕的成果。

把人生中的重要目标变成一项工程。否则它们永远不会成为现实。

为自己设定最远的目标。多数人设定的目标都很"理性"，不太远，因为我们社会的主流观点认为对于工作要实际些。如果你想要普通的生活，那就设定一个理性的目标吧。如果你想要与众不同的人生，请你忘掉理性。理性的人总是去努力适应周围的世界，而非理性的人会改变世界来适应自己。

> 理性的人一事无成。
>
> ——萧伯纳（George Bernard Shaw，英国戏剧家。）

下面两项调查会通过不同的方式来帮助你设定目标。先做第一个，如果做完后你已经解决了所有问题，就不用再费心去做第二个了。

调查 21-2　　目标设定，方法 1

1. 第一步是找到自己的终极目标，这是设定具体目标和行动步骤的底线。根据本章开头终极目标的清单，找出对你来说最重要的部分。别选那些你认为正确或看似风光的选项。假如你欺骗自己，终极目标总会有办法惩罚你的不诚实。

2. 在笔记本的线索部分写下自己的终极目标，在每个目标后面留出几行空格。

3. 问你自己，"什么样的具体目标能帮我达成这些终极目标"，写下你能想到的所有内容。例如：

终极目标：自我表达

具体目标：充分发挥自己的天赋，研究应成为工作的主要部分，电脑绘图的硕士学位，驾驶我的帆船赢得地区比赛的胜利，选修瑜伽课程……

4. 重新检查每项终极目标后面列出的具体目标，选择自己真正愿意做的。把目标进一步细化，越具体越好，加上开始和完成的日期，设定行动步骤——把目标化为项目。这样你就找到了内心真正的渴望，也有了具体的行动步骤。

调查 21-3　　目标设定，方法 2

这个方法要更细致，经常使用此法的人一定会获益匪浅。它既适合为宏大的目标服务，也适合于日常工作的管理。

首先，选出你人生中最希望制定目标的方面，例如职业、家庭和运动等等。分别为每个方面确定终极目标，例如，在工作上，你的终极目标可以是独立、能力、安全感和贡献。

像下面的范例那样制定一份目标和项目计划书。把这些内容记在你的笔记本的线索栏中，因为你的目标常常都是择业的重要线索。

记住，你设定具体目标的全部理由都是为了达到你心中更宏大的终极目标。在上面的范例中，"全面认识自己的天赋"是一个具体目标，你也应该让自己的目标具体化，使其符合你的真实意愿。

用下面三种层次帮你进行具体目标的排序。A级目标是首要的，以此类推。相当多的人在C级目标上浪费了太多时间，却在A级目标上做得很少。

A级目标：对你的人生质量拥有巨大深远的影响，它们能最大程度地推动你向前。

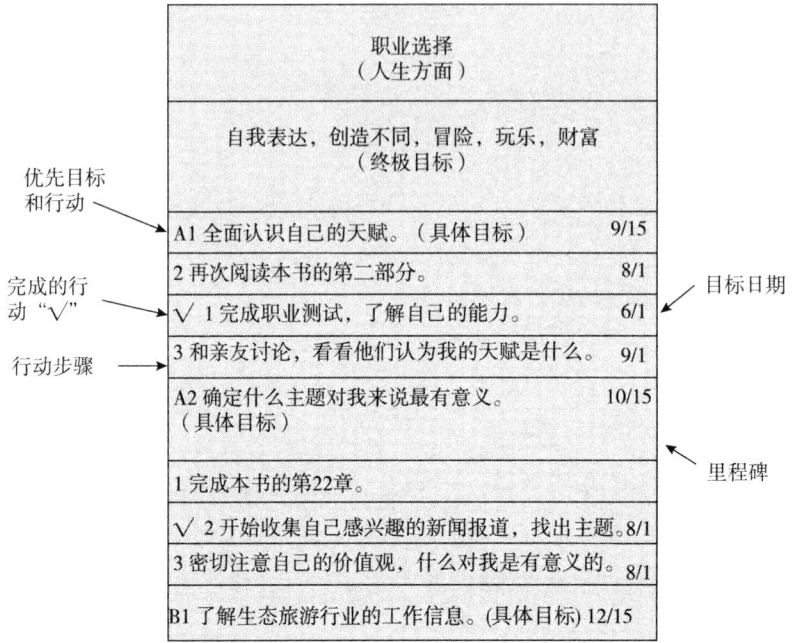

B级目标：对你人生有直接影响。它们可能很重要，但不会从根本上改变你的人生。

C级目标：多为日常的工作，没有长远影响，例如为猫洗澡，安排周末的日程等等。

划分等级后，你需要对你的具体目标进行排序，写上序号如A1、A2、A3、B1、B2、B3、C1、C2、C3等。这样会帮你确定该优先处理什么，该在什么事情上花费更多精力。

5. 制定行动步骤。把具体目标转化为行动。千里之行，始于足下。所有伟大的成就都是从每天的细小行动开始。

6. 经常检查自己的目标。在完成最重要的工作后，标上记号，然后开始另一项工作。你可以选定一个日期，每年的这一天都总结过去，并为新的一年设定目标和行动计划。

7. 当你完成这些工作时，相信你已经为自己的确切职业规划要素找到了一些新线索。

第 22 章　主题

人类的想象力就是对未来美好生活的预演。

——爱因斯坦（Albert Einstein，美国科学家）

当你还是个孩子的时候，你也一定幻想过自己像大人一样工作，你设想的工作可能很离奇，但你一定也觉得很有趣。为自己的工作找一个有趣的主题，是职业规划拼图中至关重要的一片。

你可能不知道有什么主题可以选择，可能你也遇到过下面这种两难境地：

- 我就是喜欢和朋友们一起玩乐。我不知道电影、聚会和沙滩该如何和我的未来职业联系在一起。
- 我兴趣太广泛，很难找一件事定下来。
- 我不知道主题应该多有趣才能被转化为一项事业。
- 我担心我一旦掌握了就会对它丧失兴趣。
- 我好像对什么事情都没有特别强烈的兴趣。
- 我的兴趣变得太快了。

没关系，如果你真对某事充满热情，你一定会知道。如果你在自己感兴趣的领域拥有过人的天赋，而且完全可以将其发展为事业，你也肯定会知道。大导演斯皮尔博格就不需要这本书来告诉他应该成为一个电影人。但是，多数人即便已经有了多年的工作经验，也不知道自己的兴趣到底在哪里。

人的多数兴趣很容易变化，10 岁时候，你完全被青蛙迷住了；假如你到了 23 岁还对青蛙很感兴趣，那就说明这件事情对你真的很重要。兴趣和那些你不会厌倦的活动通常都会应用到你潜在的天赋，符合你的性格特征。研究发现，如果你对自己的工作主题失去了兴趣，那么90%的情况都是由于这个主题与你的核心天赋不匹配。

例如，具备直觉、想象力和高度空间感的人很可能会对自然科学或者立体艺术（如雕塑）感兴趣。具有知觉—理性性格特征的人如果正好还具有分析和线性思维的能力，他们很容易对定量的工作或统计感兴趣。

大师型的人要掌握特定领域的知识、技艺才能获取报酬，因此在他们选择职业时就要特别注意它是否是自己感兴趣的事情。我认识一位优秀的心脏病外科医生，他的朋友从来都不在他面前提心脏两个字，免得他抑制不住，滔滔不绝地大讲最前沿的心脏手术。他对心脏手术充满了热情，因为这项工作发挥了其空间感强、解决问题能力强的两大特点。另一位耳鼻喉科专家，他最反感别人在他面前提到"耳鼻喉"这三个字，因为他的兴趣并不在自己的工作上。

对于有些常人来说，工作的主题也许没那么重要。但你要自己做出判断。假如你有一个多年来从未放弃的兴趣，这应该是条重要线索。但是你也要明白，你的主观兴趣并不能证明你有从事这个行业的天赋——你或许喜欢篮球，但身高不足1米7；你也许爱好音乐，但却五音不全。要从兴趣中寻找择业的线索，最好的办法就是问问自己："我的水平如何？我经常做吗？"你能够通过自身努力成为这方面的专家吗？想象一下，如果你每天都要花好几个小时做这件事情，并且是日复一日，年复一年，你还会有兴趣吗？如果你的回答是否定的，那这个兴趣恐怕就算不上什么择业的重要线索了。

如果你没有什么兴趣爱好，别泄气，很正常。某些性格的人说自己对任何事情都不会表现狂热。这是因为他们的大脑更倾向于保持平衡和实际的状态。

调查 22-1　　　　有兴趣的主题

要选择一个能带来持久成就感的工作，你需要了解自己对这项工作能有多投入，尤其是多年以后。

看看真实的生活场景，想象你每天大部分时间都在从事这些活动，你会发现一些线索。

1. 阅读每个生活场景，想象你自己身处其中。

2. 在每个场景下面有八种活动，或者说主题。在表格左侧打钩选出自己愿意经常从事的活动。如果你不能想象自己日复一日地做某事就不要选。

3. 在你打钩的选项右侧的白色空格中填入分值。

5 = 充满激情

4 = 很感兴趣

3 = 有兴趣

2 = 不太感兴趣

1 = 几乎没兴趣

感兴趣的主题和活动兴趣排序								
情境1：想象你和其他几个人一起被困在南太平洋的孤岛上，你会愿意做下列哪些事情来帮助团队生存并相处呢？	按照感兴趣的程度为你的选择进行打分，1-5每个数字只能用一次。							
你只能从下列选项中选出5个，在前面的框中打钩。	A	B	C	D	E	F	G	H
◎发明渔网和标枪用来打猎								
◎做一个智者，为荒岛制定宪法。								
◎做喜剧表演娱乐大家。								
◎监督食物供应，维护公平与法制。								
◎打猎、钓鱼、砍柴、挑水、采草莓。								
◎用椰子制成餐具和衣服。								
◎搭建茅屋，制造筏子。								
◎照顾病人								
情境2：想象你是个摇滚歌手或是音乐会的工作人员，你希望每天干什么？	按照感兴趣的程度为你的选择进行打分，1-5每个数字只能用一次。							
你只能从下列选项中选出5个，在前面的框中打钩。	A	B	C	D	E	F	G	H
◎我要为乐器发明特殊的音效踏板。								
◎我要写出诗意的、有哲理的抒情歌曲。								

续表

感兴趣的主题和活动兴趣排序								
◎我要做鼓手或主音吉他。								
◎我要做乐队经理。								
◎我要做司机，负责驾驶卡车，拖运设备。								
◎我要负责灯光和追光。								
◎我要负责调整扬声器和音响系统。								
◎我要负责粉丝俱乐部和其他的社会活动。								
情境3：想象你要在加勒比群岛间航行三个月，在船员这个小团体中你会干什么打发时间呢？	按照感兴趣的程度为你的选择进行打分，1-5每个数字只能用一次。							
你只能从下列选项中选出5个，在前面的框中打钩。	A	B	C	D	E	F	G	H
◎打扑克，研究海洋生物。								
◎花很长时间读书，思考人生的意义。								
◎写日志，记录旅程中船员们的生活。								
◎做船长，协调船员的各项任务。								
◎做运动，把自己晒成巧克力色。								
◎做饭，准备食物。								
◎做大副负责导航，阅读航海图。								
◎策划到岛上的远足和活动，去购物。								
情境4：想象你作为摄制组成员和大家一起拍摄地球变暖的电影，你会对什么感兴趣？	按照感兴趣的程度为你的选择进行打分，1-5每个数字只能用一次。							
你只能从下列选项中选出5个，在前面的框中打钩。	A	B	C	D	E	F	G	H
◎为电影提出气温和地理理论方面的建议。								
◎对这个全球灾害的社会含义写个剧本。								

续表

感兴趣的主题和活动兴趣排序								
◎执导电影,指导演员,撰写影片的主线。								
◎做制片人,负责财务和项目推广。								
◎做特技演员。								
◎做影片的摄影师。								
◎做木匠或电工为影片搭场景。								
◎和演员聊天,安排盒饭和每天日程。								
情境5:假如你和其他几个朋友一起在佛罗里达的海边开了一家餐吧,你会负责什么工作呢?	按照感兴趣的程度为你的选择进行打分,1-5每个数字只能用一次。							
你只能从下列选项中选出5个,在前面的框中打钩。	A	B	C	D	E	F	G	H
◎做个生物学家研究甲壳类生物的进化。								
◎在酒吧中找个安静角落观察他人。								
◎弹吉他表演。								
◎经营酒吧,负责进货清单,确保有龙舌兰酒的供应。								
◎在沙滩上打排球、跳舞,参与户外活动。								
◎做酒保。								
◎做个维修工,修理一切损坏的东西。								
◎做主持,让大家都度过一段快乐时光。								
情景6:假如你在白官工作,你会干些什么呢?	按照感兴趣的程度为你的选择进行打分,1-5每个数字只能用一次。							
你只能从下列选项中选出5个,在前面的框中打钩。	A	B	C	D	E	F	G	H
◎提供可再生能源方面建议的专家。								

续表

感兴趣的主题和活动兴趣排序								
◎为总统撰写演讲词。								
◎白宫的新闻秘书。								
◎做总统,发号施令。								
◎担任工作人员的健身教练或做特工。								
◎为节日和晚宴设计手工装饰。								
◎负责通信系统安全的IT专家。								
◎教育秘书,负责促进儿童教育的发展。								
情境7:假如美国总统为国家提出了一个大胆的目标——在10年内发明一种全新的汽车,你会在这项计划中负责什么呢?	按照感兴趣的程度为你的选择进行打分,1-5每个数字只能用一次。							
你只能从下列选项中选出5个,在前面的框中打钩。	A	B	C	D	E	F	G	H
◎获得博士学位,掌握复杂的3D系统设计。								
◎成为社会学家,研究新科技对社会的影响。								
◎为网站撰写内容推广这个计划。								
◎研究金融、经济,确保预算平衡。								
◎参与为项目募集资金的长期努力。								
◎拍摄拥堵交通的照片,进行展览。								
◎成为汽车制造领域的工程师。								
◎做个教授,为项目培养未来的专家。								
情境8:假如你是个教授,并获得了某高校为期一年的聘任合同,你想教授什么课程呢?	按照感兴趣的程度为你的选择进行打分,1-5每个数字只能用一次。							
你只能从下列选项中选出5个,在前面的框中打钩。	A	B	C	D	E	F	G	H

续表

感兴趣的主题和活动兴趣排序								
◎天体物理学、分子生物学、古生物学。								
◎世界历史、政治学、人类行为学。								
◎新闻、公共关系、剧本创作。								
◎会计、金融、商业管理。								
◎解剖学、营养学、保健。								
◎家具设计、烹饪、室内设计。								
◎机械工程学、信息科技。								
◎儿童发展、特殊教育。								
合计每一列的得分,并写在这一栏。								
选出你得分最高的两个字母。	A	B	C	D	E	F	G	H

4. 从上至下把每一列的得分数加起来,找出你得分最高的两列,并圈出相应的字母。A、B等字母分别代表不同的职业类别。你得分最高的字母代表了有待你进一步研究的职业类别。

5. 到本章最后对各种职业类别的描述中,根据你得分最高的两个字母选择相应的职业描述。然后在主题兴趣联合列表中寻找相应的描述。如果没有哪个部分的内容是特别吸引你的,很有可能是这个主题不能提供重要线索,或者是你真正的兴趣没有被这项调查覆盖到。

6. 有没有确切的职业规划要素或重要线索?如果有,就记录下来。

7. 如果有感兴趣的职业,也记下来。

工作主题类别

A = 物理和生命科学:研究物理、地理和生物等方面。其吸引力在于理解世界和宇宙的奥秘,改变陈规,发展理论和科技帮助解决复杂的问题。

B = 社会、人文科学:研究人类、人类行为、社会和文化。其吸引力在于理解人类行为、社会和文化,改变社会规范,发展理论解决社会问题。

C = 艺术、娱乐、媒体：通过多媒体、讲故事和艺术等形式激励、娱乐并告知人们。其吸引力在于能够启发、娱乐大众，同时传递信息，培养大众对更广大的人类世界、社会和多样文化的理解和欣赏。

D = 商业、金融：管理、运营生产产品或提供服务的组织。其吸引力在于参与团队合作，尽可能提高效率，促进业务发展，运营的目标是以高质量的服务和产品满足人的需求和渴望。

E = 运动和知觉敏锐性：日常活动与人体密切有关，涉及力量、耐力、平衡性、灵活性和柔韧性，（也包括需要敏锐感觉的工作，涉及视、听、嗅、触、味觉）。其吸引力在于活力、运动，发掘人体的运动天赋和感知天赋。

F = 设计师、艺术家：应用手工设计和技艺或其他工具，涉及对于颜色、风格等方面的独特眼光、个人品位和对空间的敏感性。其吸引力在于通过艺术和功能服务给他人带来愉悦、舒适的感觉，用独特眼光改变生活空间、艺术和实际生活需求，赋予日常用具以美感。

G = 工程、科技、贸易：设计、建造、操作和维护各种机械、电子和科技设备，包括电脑、网络、数字科技装置、重型机械、工具和设备。其吸引力在于通过对科技设计和应用的热爱来解决实际问题，改造世界。

H = 教育、服务、卫生：直接向人提供教育、零售、旅游、娱乐、私人服务和健康等服务。其主要吸引力在于通过直接接触，帮助他人解决实际问题，运用的能力包括理解力、倾听、照顾、服务、同情、教育、鼓动、销售，也包括管理、计划，既有对人的组织，也有对项目、资源的管理。

主题与兴趣列表

物理和生物科学	社会人文科学	艺术娱乐媒体	商业金融	身体运动和知觉敏锐性	设计和艺术	工程、科技、贸易	教育、服务卫生
能源研究	考古学	表演	会计	酒保	广告艺术	汽车修理	替代必药物
人工智能	艺术史	广告	应用数学	边防	建筑	木匠	游乐园工作人员
天体化学	行为经济学	艺术指导	审计	衣服零售	艺术修复	服装修改	动物保护救助
天体物理学	行为科学	品牌管理	银行业务	海岸护卫	手工艺	电脑程序	小酒店经营
原子物理学	职业教育	广电新闻	预算学	建筑	汽车设计	建筑管理	酒吧经营
生物化学	认知心理学	活动策划	精算	急救	自行车设计	数据分析	主厨
生物地理学	咨询心理学	卡通绘画	商业管理	种植	摄影	数据库管理	宴席筹办
生物学	犯罪心理学	专栏作家	商业咨询	执法者	图书装订	数据库设计	牙医
生物科技	文化人类学	喜剧演员	采购	消防员	戏服和场景设计	服装制作	残疾人研究
植物学	经济学	喜剧写作	成本估算	渔夫	装饰绘画	电工	矫正教育
气象学	人口统计学	传播学	独立经营	食品批评家	展览设计	柴油机技师工程师	早期儿童教育
计算机系统结构学	教育心理学	创意写作	金融	护林员	时尚设计	人体工程学	第二外语教育
计算机学	古埃及研究	记录片	财政规划	家具搬运	烹饪艺术	面部识别系统	活动和聚会策划
密码学	种族研究	教育片	法庭会计	重型机械操作	美容	军械专家	空乘人员
生态学	公平研究	娱乐新闻	连锁经营	国家安保	时尚摄影	重型机械操作	卫生管理
环境生物学	民族志学	小说写作	综合管理	家庭用品零售	看风水	人机互动	服务业管理

续表

物理和生物科学	社会人文科学	艺术娱乐媒体	商业金融	身体运动和知觉敏锐性	设计和艺术	工程、科技、贸易	教育、服务卫生
法医人类学	种族音乐学	电影制作	人力资源	打猎	插花艺术	家庭改建	酒店管理
辩论艺术	发展心理学	电影研究	工业工程	工业潜水	花卉园艺	高压交流电工程师	精神卫生
法医病理学	法医心理学	电影评论	信息系统	室内装潢	鞋类设计	信息工程	产科
基因学	性别研究	美术	国际商业	保镖	家具设计	信息技术	老年医学
地质学	历史	印刷艺术	投资	制造	游戏设计	珠宝师	酒店门房
人机对话	科学史	自由撰稿	管理科学	军队服役	平面设计	厨房和卫浴设计	教学设计
水文学	人类进化	市场学	市场研究	开采	园林设计	锁匠	中小学教育
无机化学	老人医学	音乐表演	运营管理	伐木	发型设计	石匠	男性健康
海洋生物学	人生指导	新闻编辑	运营研究	采油	花道	铁匠	女性健康
海洋地质学	人类地理学	表演	流程改进	国民警卫队	工业设计	材料科学	精神健康
医学研究	独立研究	摄影记者	流程再造	急救护理	交互媒体设计	修理工	助产
药学研究	法律	剧本创作	项目管理	包装	室内装潢	金属制品工人	护理
气象学	图书馆学	诗人	质量保证	飞行员	室内设计	开采	营养学
微生物学	人生指导	中介	质量控制	公园护林员	珠宝设计	摩托车修理	职业疗法
军事情报	语言学	政治评论家	零售管理	香水师	针织	网络管理	宠物治疗
分子生物学	文学	纸媒记者	销售	警官	饰带设计	网络工程	疗养治疗
	新都市生活研究						公共卫生

续表

物理和生物科学	社会人文科学	艺术娱乐媒体	商业金融	身体运动和知觉敏锐性	设计和艺术	工程、科技、贸易	教育、服务卫生
神经科学	组织发展	产品开发	销售管理	搜救	灯光设计	个人电脑维修	生殖健康
有机化学	组织行为	产品管理	统计学流程控制	安保	媒体艺术与动画	修鞋	物理治疗
纳米技术	性格研究	公共事务	统计学	特勤部队	公园和休闲场所设计	系统工程	学校管理
海洋学	哲学	公共关系	股票经纪	特工机关	摄影	管道修理	社会工作
古生物学者	政治学	广电新闻	统计分析	运动	印刷	焊接	特殊教育
板块构造学	流行文化研究	情景喜剧创作	整体质量管理	野生动物保护	居住规划	木工	青少年性教育
机器人学	人口研究	网站内容写手	培训与发展	兽医	零售店面设计		餐厅经营
地震学	心理学	社会讽刺小说创作	风险投资	调酒师	缝纫		旅游代理
空间物理	公共政策		库存管理		纺织品制造		快餐厨师
可持续发展	公文写作				城市设计		旅行社
理论数学	社会生物学				织锦		侍应生
理论物理	社会历史				灵像制作		体重/健康顾问
虚拟实境	社会学				视觉效果		调酒师
动物学	灵长类动物学				网页设计		
	神学						工作场所安全
	城市政策研究						

主题兴趣联合列表

下表中的职业可能结合了你最感兴趣的两个方面。

		物理和生命科学	社会学和人文科学	艺术、娱乐、传媒	商业和金融	肢体运动和视觉敏锐感	设计师、艺术家	工程、技术、贸易	教育、服务、医疗保健
物理和生命科学	进化心理学			科技电影/教育	药物销售	动物园管理员	玻璃器皿制作	环保技术	科学教育
	神经学			解剖插图绘制	医疗器械代表	农业科学	铸剑师	化学工程	健康教育
	社会生物学			科普插图绘制	高新技术企业创办者		机械制造师	材料学	探险指导
	经济地理学			自然摄影师		林学	自然摄影师	科学实验室技师	生态旅游
	流行病学			科技记者		有机种植	展览设计	结构工程学	探险旅游
	科学史							太空工程学	
	专利法							电子工程学	
社会学和人文科学	进化生物学			电影制作	税务会计	法律执行	艺术品修复	城市规划	公共卫生
	遗传行为学			纪录片制作	商业法	军事情报	城市规划	人机互动研究	咨询
	生态学			摄影记者	注册会计	动物训练	音乐厅设计	人类环境改造学	社会工作
	可持续发展			艺术史研究	劳动关系法	地产经济	公园设计	土木工程	特殊教育
	生物心理学			喜剧	人力资源	汽车销售	展览设计		图书馆学
	认知心理学			剧本写作	雇佣法	化妆顾问			

续表

	物理和生命科学	社会学和人文科学	艺术、娱乐、传媒	商业和金融	肢体运动和视觉敏锐感	设计师、艺术家	工程、技术、贸易	教育、服务、医疗保健
社会学和人文科学	辩论术	纪录片	小说创作	广告客户经理	风水设计		工业设计	艺术治疗
	艺术品修复	电影		市场调研	室内设计	乐器制作	建筑	音乐治疗
	科学馆馆长	新闻摄影		企业家	表演	工业设计	形象艺术	艺术教育
	科学纪录片	创作性写作		电影制片人	战地摄影	产品设计	图形用户界面	音乐教育
		表演		艺术家经纪			三维制图	
		娱乐法规		商业新闻				
艺术、娱乐、传媒	医药销售	组织发展	广告艺术	市场营销	个人服务	零售产品设计	汽车销售经理	学校管理
	医疗器械销售代表	高层主管辅导	广告文案写作		个人训练	工作环境规划	生产管理	大学校长
商业和金融	高科技企业创办者	管理咨询	网络写作		私人厨师	商业建筑	自由贸易人	人力资源
		市场调研	商业艺术		产品生产商	工业设计	IT顾问	健康管理
		广告心理学	音乐制作		餐馆老板		机械工程	酒店管理
		团体培训	品牌管理				工业工程	职员安排

续表

物理和生命科学	社会学和人文科学	艺术、娱乐、传媒	商业和金融	肢体运动和视觉敏锐感	设计师、艺术家	工程、技术、贸易	教育、服务、医疗保健
野生生物学	体育法规	舞蹈	销售体育用品		体育服装设计	生物医学工程	运动疗法
海洋科学	联邦调查局	编舞	销售个人用品		运动设备设计	修补术	娱乐疗法
地理学	犯罪学	马戏团表演				职业病治疗	职业病治疗
农业	灵长类动物学				公园设计		运动机能学
司法鉴定	考古学				景观建筑		脊椎指压治疗
运动机能学							户外锻炼
绘图法	艺术品修复	风水设计	产品开发	时装模特		建筑	厨师
修补术	历史古迹修复	布景师	品牌管理	特技表演		人机交互	餐厅设计
科学摄影	艺术史	戏服设计		健身		工业设计	室内设计
	古董鉴定	化妆艺术		酿酒		汽车美容	皮肤学
				厨师		宠物美容	整容
				陈列设计		服装制作	
				色彩专家		首饰设计和修复	
机器人技术	新城市主义	汽车设计	运筹学	音频师	眼镜设计		贸易教育
人工智能	城市规划和设计	景观建筑	工业工程	电视广播制作	修补术		普通外科

续表

	物理和生命科学	社会学和人文科学	艺术、娱乐、传媒	商业和金融	肢体运动和视觉敏锐感	设计师、艺术家	工程、技术、贸易	教育、服务、医疗保健
工程、技术、贸易	纳米技术	建筑	室内设计	生产/运营管理	声音工程	电影摄影		物理治疗
	基因工程	人机互动	网站设计	IT 顾问		摄影		电脑辅助桌面技术
	超级计算机		电脑游戏设计	销售工程师				技术客服
	计算机科学							
	进化算法							
教育、服务、医疗保健	教科书写作	教育心理学	艺术教育	医疗记录技师	减肥训练	贸易教育	职业病治疗	
	科学教授	课程设计	戏剧培训	医疗金融	按摩治疗		实验室技师	
	医疗研究	公共健康	音乐教育	医疗保险	物理治疗	有机食品厨师	相关健康技术	
	神经解剖学	生育健康	儿童读物写作	医疗公关	医护助理		工程教育	
	药学	家庭法	教科书绘图	销售	洗牙		职业培训	
	药理学研究	医疗过失法	艺术治疗	学校管理	瑜伽指导	芳香治疗		
	法医病理学	临床心理学	音乐治疗	大学校长	武术指导		技术培训	
	微观生物学	职业顾问	幽默治疗		急诊护士			

第 23 章　回报和价值

回报

工作是为了获得回报，这是最基本的。我们希望找到好感觉，避免坏结果。我们工作是为了满足物质需求，例如吃和住。这些需求满足之后，我们开始寻找安全回报，例如避免危险，职业安全。在这个基础上，我们又在更高层面上寻找回报——例如成功、权力、自尊、赞同。在此之上是最高层次的回报，即自我表达、成就感、满足感、创造性、乐趣和自由。要找一个你热爱的职业就是去找一个能在各个层面上回报你的职业。

调查 23-1　　　　我的回报

在下列选项中找出你认为最重要的工作回报。如果你认为重要的不在选项里，就把它加上。

回报：

- 有能力购买基本的衣服和食品。
- 能在工作中完全展现自己的天赋。
- 改造世界并受人尊重。
- 受人欣赏和承认。
- 经济独立。
- 经济上成功。
- 热爱工作，受到激励。
- 为自己的工作感到自豪。
- 感到安全，不担心失业。
- 很适应，受人喜爱和尊重。

- 每年有四周的带薪休假。
- 可以自由来去。
- 在工作中被认为是天生就该干这个的。
- 努力并能获得加薪。
- 公司能为自己的继续教育买单。
- 工作完成出色时获得赞许。
- 有一个很棒的老板,认为自己很杰出。
- 在工作中有一群崇拜我的粉丝同事。
- 能够遇到具有挑战性的问题。
- 能自己安排日程。
- 在工作中多数时间能找到乐趣。
- 我说的每句话都很重要。
- 有权力和影响力。
- 有荣誉、地位。
- 拥有成功的标志。
- 拥有影响力,能达成自己的愿望。
- 有能力创造我自己的工作。
- 我对自己的同事来说是无价的。
- 我是个明星。
- 我可以灵活安排工作时间,按照自己的节奏工作。
- 我是负责人。
- 多数时候都能表现创造力。
- 有时候展现创造力。
- 能够完成任务,看到实际效果。
- 创造足够的财富,成为慈善家。
- 通过帮助他人获得良好的自我感。
- 我是一个引领者。
- 我要在聚光灯下。
- 我要有创造力。
- 我要解决实际问题,要有所帮助。
- 我工作的大部分时间都会与人打交道。
- 别人认为我很棒。

- 我的生活方式很平衡。
- 留下"遗产"。
- 对我所关注的事物做出贡献。
- 为我所关注的事物带来改变。
- 我的工作有益我的身体健康。
- 有机会改变景观。
- 有机会打扮自己。
- 有机会穿休闲装。
- 我的好点子受到他人推崇。
- 我的忠诚和责任感得到赞扬。
- 我对工作充满激情。
- 名望。
- 在自己的领域被认为是最棒的。
- 很早就能退休。
- 工作日能去运动场。
- 有时间照顾家庭。
- 当我说话时,大家都认真倾听。

2. 做了初步选择之后,多花些时间好好想想,再筛选出自己真的不能没有的选项。

3. 有没有确切的职业规划要素?

价值观

什么是价值观?

对你来说什么是最重要的,你关心的是什么事情,这就是价值观。价值观决定了你的视野、态度、动机和生活方式,也包括你愿意和什么人打交道。例如,当某人的政治或宗教观点与特定群体一致时,他通常都会获得更大的力量来推广或保卫这个群体的价值观。每个人都有自己的一套价值观。它们之间有轻重之分,我们会为了更重要的事情而牺牲那些分量较轻的东西。显然,想要一份什么样的工作就反映出你的价值观。对于有些人来说，工作就必须完全彰显自己的某些价值观。而对其他人来说，工作只要不与他们信奉的价值观相冲突就行了。

如何了解你的价值观？

你的价值观表现在你生活的方方面面，可能你没有注意到。你做出的选择就是帮你了解自身价值观的重要线索：你的伙伴都是些什么人，你如何花钱，如何分配时间，你怎么与人相处，什么事情最能吸引你。假如你崇尚创新，你经常做的事情可能就是创造新奇、独特的事情。如果你看重改变现状，你的朋友可能也具有同样的倾向。如果安全感对你很重要，你可能想回避风险。如果你喜欢社会地位，希望自己看来光鲜亮丽，你会希望拥有名车、昂贵的服饰这些标志社会地位的物品。下面的调查能帮助你认识自己的价值观。

调查 23-2　　我的价值观

1. 把你的生活分为四个部分：个人、社会、成就和物质。找出对你最重要的价值，看看哪些一直影响着你。

个人价值：是指导个人行为的价值。从下面的选项中挑出你最认同的价值，假如没有适合你的选项，自己加上它。

- 接受
- 冒险
- 活力
- 自主性
- 独特满足，乐趣
- 诚实，信任，正直
- 独立
- 正义、规则、秩序
- 领导力，管理职位
- 稳健、冷静
- 聪明
- 同情
- 创新，创造力
- 完美
- 实际的，如实的
- 感觉好
- 友谊
- 看到全景
- 寻找真理
- 自我发展
- 自律
- 清醒，自问
- 主观，能看到细微差别
- 外表光鲜
- 忠诚
- 有学问
- 尊重
- 责任
- 实话实说
- 安全感，稳定
- 受人喜爱
- 诚恳，坦率
- 小心，仔细
- 关心，理解
- 发起改变
- 机智、老练
- 传统
- 真实

- 批判思维
- 好奇心
- 深思熟虑，有策划的
- 先工作，后享乐
- 工作就是玩
- 移情
- 客观，逻辑
- 思维开放
- 做正确的事
- 做该做的事
- 实际的
- 应用我的天赋
- 智慧
- 遵循原则
- 安全
- 玩笑，嬉闹

社会价值：在人际交往和文化范畴指引个体的行动。只挑出你最认同的那些。假如没有适合你的，自己加上它。

- 另类的，替代性的
- 控制
- 做自己
- 属于某个群体
- 被人接受
- 进步
- 整体思维
- 服从更高级的权威
- 服从内在权威
- 激情，热情
- 爱国主义
- 想法实际
- 新锐道德
- 与自己地位相同的人保持一致
- 团队精神
- 强者生存
- 容忍差别
- 传统道德
- 公平，理性，中庸
- 挑战现状
- 友谊
- 保守，传统的
- 受益，消费
- 民主
- 按我自己的方式
- 选择不要孩子
- 社会责任
- 社会地位
- 至高无上的地位
- 系统思维
- 照顾他人
- 照顾自己
- 自由，思维无拘束
- 本土思维
- 有意义
- 知识精英
- 多样性
- 授权
- 平等，公平
- 家庭，婚姻，孩子
- 自由
- 寻求伙伴
- 性感
- 独立
- 知性
- 相互依赖
- 直觉的，跳出框框外
- 保持原样
- 理性，逻辑
- 原谅，偿还
- 惩罚
- 追求权威性
- 追寻竞争
- 寻求合作

成就价值：激励个体达成目标的价值。找出适合你的选项，假如没有适合你的请自己加上。

- 分析
- 快乐
- 有能力
- 做最好的
- 启迪
- 企业家精神
- 名誉
- 有始有终
- 带来不同
- 创造历史
- 挣大钱
- 让他人看上去更好

第 23 章 ➡ 回报和价值

- 做世界一流的
- 千里之行始于足下
- 改变世界
- 胆大妄为
- 依赖他人
- 违抗
- 效率
- 做重要的事
- 不顾一切
- 效率
- 可信赖
- 服务人类
- 改变范式
- 简单
- 坚定立场

- 用快乐的方式生活
- 赚取快乐
- 拥有最多
- 幽默
- 改善，提高
- 相互依赖
- 发明，创造
- 留下"遗产"
- 过极致的生活
- 贡献
- 精神上的进步
- 开启革命
- 坚忍不拔
- 综合，组织

- 让世界更美好
- 新的可能性
- 循规蹈矩，获得回报
- 一次只迈一小步
- 克服困难
- 和平
- 毅力
- 个人舒适
- 慈善
- 质量
- 有用的
- 努力工作
- 聪明地工作
- 解决问题

物质价值：在物质事物上指引个体做出选择的价值。选出最符合你的选项，假如没有就另外加上。

- 冒险
- 唯美
- 艺术的
- 美丽
- 更大就更好
- 明亮，阳光
- 有趣的经验
- 奢侈的
- 更多的财富
- 现代的
- 越多越好
- 生存
- 可持续的
- 独特的
- 城市的，大都市的
- 功利的
- 财富
- 金融安全

- 修理破损的东西
- 有功能的
- 得到我的那份
- 得到我该得到的
- 整体的，全盘的
- 寻求数量
- 简单生活
- 越小就越美
- 孤独，私密
- 潮流的
- 成功的标志
- 控制，统治地球
- 环保的
- 优雅
- 获得该得的
- 光明正大
- 时尚的
- 安全

- 储蓄，投资
- 看到新地方
- 寻求稳定
- 寻求发展
- 寻求质量
- 休闲的
- 经典的
- 离家近
- 舒适
- 保护地球
- 天然的
- 自然
- 吵闹，忙碌
- 有机的
- 简单
- 快乐，快感
- 乡村的

2. 价值和回报紧密相连。你想从工作中得到的东西就是你最看重的东西。看看你所选取的那些回报，是否与你在这项调查中找到的价值观相吻合？

3. 把你认为最重要的价值观作为重要线索记到笔记本上。

调查 23-3　　　　我真正的价值观

字典告诉我们价值观是原则，是标准，是个人、群体或社会所推崇的品质，但是这些定义可能说明不了任何问题。当人们在完成价值观测试时，他们所想到的只是一堆毫无意义的空洞词汇，听起来就像童子军的誓词：值得信赖的，忠诚，乐于助人的，友好，礼貌，服从命令，勇敢……当然，这些都是很好的品质，但是你要寻找的是每天生活中指导自己行为的东西。

有些东西可能会干扰你的判断，某些东西看似有价值却与你的真实生活无关。下面，你可以把你的理想、标准、需求和喜好与你的价值观区分开来：

理想

理想是指存在于观念中的完美模型，而不是事实中的情况。是终极目标，不是我们现在的生活。我们大多数人的理想只是停留于嘴上而已。

拥有理想就是为我们提供一个愿景，激励我们为了完美生活而不断努力。它是一个参考点，指引我们朝着某个方向前进，但它只是一个参照，并非目的地。如果你想靠着理想生活，那你会遇到大麻烦，因为你很可能永远无法实现你的理想。理想和现实永远都是有差距的。

标准

标准是对于事物本应遵循的某种判断或结论。举例来说，有人认为"生活应该是公平的"，当生活出现不公时，他们就会觉得很沮丧，他们认为不应该是这样。事实上，生活从来都是不公平的。坏人也许得不到应有的惩罚，好人也可能没好报。对于其他任何事，我们也有自己的一套标准——关于人们应该如何穿着打扮，如何举手投足，如何抚养孩子等等。只有那些我们从未考虑过的问题我们才会没有标准。

该如何判断标准呢？很简单，标准总是包含了"应该"二字。如果你认为自己应该再高一点，帅一点，受教育程度更高，更年轻，更成功，更富有等等，你就正在与你的标准面对面。标准似乎总和抱怨形影不离。事情是什么样，就是什么样。"应该"只有在事物没有达到你的标准时才会出现。

需求和喜好

有些"价值观"只是你的需求和喜好而已，不是真正的价值。例如，在前面的测试中你可能选择了"冒险"，但事实上你只不过希望它成为你生活的一部分而已。

看看你的理想和价值观

通读你记在笔记本上的价值观，把那些你认为——
1. 是理想的钩出来，标上字母"I"。
2. 是标准的钩出来，标上字母"S"。
3. 是需求的钩出来，标上字母"W"。
4. 好，现在剩下的很可能就是你真正的价值观。你要确定这些条目是你愿意每天生活中都真正坚持的内容。假如你发现有遗漏，就加上它。别选择那些看似不错或你认为自己应该做的选项。

这样的取舍并不难。假如"未雨绸缪"是你看重的价值观之一，你一定会坚持储蓄并且热衷于改造自己的周边环境以确保安全。假如你发现自己根本没有这样做，那么"未雨绸缪"可能只是你的理想或标准而已。

别把理想和真实的自己混为一谈。广告心理学家告诉我们，人们的消费行为受到五种动机的影响，分别是：看起来不错，感觉很好，正确的选择，感觉安全和避免痛苦。当我们梳理自己的价值观时，我们倾向于"忘记"这些强有力的动机，因为我们不愿意承认是这些动机决定了自己的行为。如果你列出的清单中不包括上述五种中的任何一个，那么你可能欺骗了你自己。

5. 当你找出了影响并决定自己一生的价值观时，你可能还想为未来生活创造一些新的价值观。继续以"未雨绸缪"举例，它对于过去的你来说可能只是个标准，但今后你希望把它融入自己的生活，那就采取行动吧，比如坚持储蓄，来把它作为新的价值观加入进来。还有些价值观过去只出现在你的生活之中，今后你想把它运用到自己的工作中，这从某种意义上来说也是新的价值观。

6. 人们会为了更重要的事物而牺牲分量较轻的东西。看看你选出的价值观，哪些是最重要的，是在任何情况下都不会放弃的？把它放在第一位，依次类推。

如果你排在最前列的都是些冠冕堂皇的价值观，你也许欺骗了自己。为了诚实，你愿意丢掉自己的工作么？如果是生命呢？对于很多人来说，职业安全的地位远高于诚实。这并不代表他们不重视诚实，但如果要面临失业的风险，他们可能会放弃诚实。对我们很多人而言，避免尴尬都比诚实更重要。好好研究一下你认为最重要的价值。

7. 看看你选出的最重要的价值观是否和某种职业相关。假如安全对你来说很重要，那么安全对你来说具体是指什么？是在某个事业单位找个稳定的工作，还是在一家福利完备的公司里工作？为你的各个价值观条目写下简短的定义。

8. 这一步是创造性的工作：你可以对你的价值观排序进行调整。你可以任意移动你的价值观条目，也可以对它们重新定义。比如，你认为安全是"在某个事业单位找个稳定的工作"，那么现在你可以保持这个定义，也可以重新定义，比如安全是"在一个有增长性的领域中工作，让自己的能力不断提升，让各大公司竞相聘用我"。

9. 如果你的价值观对你很重要，你可以在自己的确切职业规划要素中加入一些信息。你的新工作中要涵盖所有或部分的价值观么？

10. 还有什么重要线索吗？如果有，记在笔记本上。

第24章　意义和使命

对于有些人来说，工作有趣，能发挥自身才干，环境适合，这三项只要满足其中一项就够了。但是更多人希望做一些有意义的事情，希望他们的工作能够为他人或者周围的世界有所贡献，这就是工作的意义。

什么是有意义的？

假如你站在月球上，用高倍望远镜眺望地球，你会发现人群像蚂蚁一样忙忙碌碌，但你无法从他们的行为中发现太多意义。意义是非常个人化的，不是一种普遍现象，对你有意义的事情对你的隔壁邻居可能毫无意义。

当我设计自己的职业时，我的第一个心愿就是使人们的生活有所改变。这非常重要，所以我把它列为我工作的核心。你可能也想做同样的事情，果真如此的话，你必须搞清楚对你来说什么是真正重要的——不是别人告诉你的那些答案。消除贫困未必就比修理汽车的志向更高尚。喜欢赚钱和喜爱艺术设计也没多大差别。我们需要的是一群充满热忱而且有能力的人去消除贫困，去修车，去挣钱，去创造美好事物。

打网球和减少矿物能源的使用，哪个更有意义？你要找到对你自己有意义的事情。

调查 24-1　　　　有意义的工作

下面的问题并不深奥，你要尽可能多地回答。

1. 关于你的未来职业，有意义的工作到底有多重要？

2. 你所说的"有意义"到底是什么？在细化之前，我们先看一个大问题，下列几项中最有可能发生在你身上的是哪个？

- 为重要的原则或价值观而服务，例如让世界变得更美好。
- 工作主题符合你个人的一种激情，或者至少让你觉得有趣。
- 一种使命感——参与到创造或推动事物进步的过程中。
- 解决某类的问题。

即使没有特殊意义，有些人也能开心工作。只要他们能发挥才智，并在工作环境中感觉很自在。假如你是这种人，直接进入下一章吧。

3. 列一张清单，写下所有对你有意义的事情，包括你考虑用以维生的工作，你认为最重要、最有意义却不太可能成为自己事业的事情。尽量详尽。写下有待解决的问题，你爱去的地方，愿意干的事情，令你狂热的活动，你愿意担当的职责等等。注意这些事情的背后是否有某个主题在慢慢浮现。

4. 整理清单，只留下你认为可能成为工作中心的事物。写下职务名称、要奋斗的领域、你感觉擅长完成的任务等所有你认为适合的项目，把其他的删掉。

5. 重新排序，把最重要的放在最前面。

6. 再次回顾清单，尽可能精简。

7. 更多地去了解你的那些重要选项。做些研究，去和他人谈话。你需要知道些什么帮助你缩小你的清单？你还需要什么问题和答案才能做出最后的决定？

8. 有没有什么可以加入"确切职业规划要素"或重要线索的？

调查 24-2　　　　创造不同

对于那些想要为这世界多少创造点不同的人们，这里有几个问题：

1. 对有些人来说，最重要的是他们的工作应该是其最高理想的直接表达，还有些人则觉得没有这个必要。对于他们来说，工作不带来伤害就已经很好了。对于你来说，给这世界或他人的生活带来益处到底有多重要呢？

2. 如果你想在一个对你很重要的领域内产生直接影响或做出贡献，你希望是何种影响？如果说你所服务的机构能产生影响，而不是由你来直接发挥作用，你能接受么？

3. 真正要做点有意义的事会遇到什么阻碍？把主要的困难都写下来。例如，两个常见的"是的，但是"问题："我必须工作很长时间，收入却十分微薄"和"希望获取的人可以找到很多工作，但是希望做有意义事情的人，可选择工作却很少"。认真思考你想到的每个"是的，但是"，用头脑风暴的方式找出解决之道。

调查 24-3　一生的使命

使命和有意义的事情最大的区别在于前者能带来具体的目标。它可能是消除饥饿，或是创造工具帮助贫穷国家发展教育事业，也可能是使剃须刀更锋利。假如某项工作像使命一样吸引你，请完成下面的调查：

1. 有一个使命，有确定的努力方向对你来说很重要吗？

2. 你欣赏的人当中谁（曾）肩负使命？假如你问他使命是什么，你猜他会如何回答？

3. 假如一个使命被完成了，会给你带来什么？做头脑风暴，写下你想到的一切，别遗漏。

4. 回顾前面的清单，删除那些你肯定不会为之奋斗的项目。要诚实，哪怕有些看起来很高尚或很有趣，只要不是你真心喜欢的，就抛弃它。

5. 剩下的这些哪个最合适，哪个最有吸引力，哪个最合乎你心意，把它写在最前面。

6. 为什么你刚挑出来的这个最吸引你？是这事情本身，还是因为它能延续某种理想，或者是它的使命恰好与你能完美契合？

7. 你能把自己的选择缩到只有一个或很少几个吗？

8. 你需要与人交谈，或者通过其他方式来了解你的这些选择吗？如果是，你要做些什么？请具体一点。要进一步缩小选择范围并做决定。完成后再回到这里来。

9. 把有用的信息加入"确切的职业规划要素"或重要线索中。

第六单元

➡ 工作环境

第 25 章　你要在哪里工作？

你想在哪里工作？好的环境是你的私人游乐场，坏的环境将是人间地狱。工作环境越适合，你就会越快乐，也越容易成功。适合你的工作环境可以为你提供具有挑战性的工作，发挥你的长处，为你提供志同道合的伙伴，让你按照自己的价值观生活，帮你实现目标并获得回报。

要设计出一个健康的工作环境，你应该考虑下列因素：

- **物理环境**：什么样的物理环境最适合你？既要考虑宏观要素（城市、郊区还是乡村；气候；周围的人；路程），也要考虑微观因素（办公环境，是办公室、工厂、户外、商店还是沙滩；需要穿着的衣服等）。
- **社会环境**：你想和什么样的人共事？
- **意义和价值**：有没有某个组织的产品、服务、目标和价值观与你特别契合？

调查 25–1　设计你的工作环境

1. **寻找线索**。看看下面的问题，选出对你最为重要的，作为线索。这个测试能帮助你在脑海中勾勒出自己向往的工作场景。

地理位置和生活方式

——哪个国家？
——哪个城市？
——市区、郊区、乡村？
——气候如何？冷、热、季节性的？

——地形如何？邻水、靠山还是平原地带？

——南方还是北方，东部还是西部？

——每天上班的路程有多远？

——何种交通工具？开车、自行车还是走路，或者干脆在家工作？

物理环境

——室内还是室外？如果都要，那么室内和室外的比例如何？

——假如在室外，是什么样的情况？

——假如在室内，是什么样的情况？

——假如是办公室，是喜欢开放式的格间还是单独的办公室？

——风格是商务的、休闲的、艺术的、教学的还是医学的？是实验室、厨房还是零售店？是建筑工地还是海上钻井平台？

——艺术风格、颜色、窗户和家具风格有多重要？

——要让你每天感觉舒适有什么必不可少的条件么？

——每天坐、站、走、跑或开车的时间各自占多少？

——你喜欢安静的工作环境，还是嘈杂拥挤的？

——你是喜欢有餐厅的办公室，还是宁愿自己带午餐，或者出去吃饭？

——你喜欢办公室提供健身设施么？

——还有什么其他设施是必不可少的？

组织发展的几大阶段

和人一样，所有的组织也会经历"人生"的不同阶段，从婴儿到少年再到成年。处于某个阶段的组织可能会更适合你，下面是一些主要阶段：

起步阶段。相当于人类的婴儿。所有的事情都是新的，正在成形阶段。没有稳定性，看重有创新精神的人。每天都要解决各种问题。

创业阶段。相当于人类的幼儿和少年阶段。快速增长。看重喜爱变化、有创造力的人。不适合喜欢稳定和既定方针的人。

安顿期。相当于年轻的成年人。仍然在成长，但是目标已经转变为创造稳定性（建立政策和程序）。虽然还有试验，但比早些时候已经少多了。特别适合那些能带来秩序和规则的人。

稳定期。相当于中年人。多数公司都处于这个阶段，赢利而且稳定。环境相对保守，价值观趋向传统。依靠既定政策和程序进行管理。如果你的强项是诊断（挑毛病），如果你热爱变革，最好远离这种公司。

衰落期。相当于老年人。那些已经走过黄金期的航母级公司多属于此类。这类组织有时候看起来很欢迎能带来变革的人，但是一定要当心。他们的领导者来自于稳定期，本能地排斥变化。美国的汽车行业就是一个典型例子。

组织结构

——你想在一个新兴领域工作，还是一个成熟的行业？

——你想在哪个领域工作？商业、零售、金融、制造、建筑、贸易、能源、地产、政府、部队、教育、媒体、学术、出版、科学、技术、卫生、旅游、艺术、娱乐，还是非盈利性组织？

——这个组织处于起步阶段、创业阶段、安顿期、稳定期还是衰落期？

——你是喜欢层级式管理还是扁平化管理？

——你喜欢做自有职业者还是受雇于人？

——你喜欢有固定工作时间、弹性工作制、随时候命，还是经常加班？

——你喜欢出差么？你能经常出差么？

——你需要什么福利？医保、牙医、教育还是带薪休假？

——你需要的薪水在什么范围内？要多少才够，最低要多少？

——工作的安全性有多重要？你如何定义安全性？

人员环境

——什么样的同事？多少人？多大年纪？受教育水平如何？

——什么样的客户或顾客？是普罗大众、专业人士还是商人？

——公司规模多大？人数是几千、几百、50、25、10还是更少？

——工作的外向性如何？换言之，你每周要在工作中花多少时间与人接触？多少时间会让你觉得太长了？

——你愿意一次与一个人对话，还是一小群或者一大群，要么干脆在电话上不见面？

——自主性有多大？是愿意自己掌控，还是随时候命，还是让别人安排你的时间表？

——你每天需要多少休息时间？

文化环境

——你喜欢什么样的公司文化，保守的还是自由的？

——你喜欢竞争还是合作，或是两者之间？

——你喜欢艺术的、学术的、休闲的、专业的还是商业的文化？

——文化多样性有多重要？

——你喜欢有创新性的环境还是稳定而安全的？

——你喜欢穿什么风格的衣服去工作，制服、休闲装还是商务套装？

——你要和工作伙伴共享的价值观、理想和指导原则都是什么？有多重要？

——你是喜欢有传统宗教信仰的同事，还是没有信仰的同事呢？

——你愿意与改变现状的冒险家共事，还是乐于接受传统的人？

——你喜欢团队精神强的企业文化，还是多数时间独立工作的环境？

个人工作环境

——你是愿意自己当老板，还是向别人汇报？

——你希望监督很少、适中还是经常？

——你需要多少自主权，你多数时候是独立的还是依赖他人的？

——你是适合固定工作时间，还是自己安排时间？效率哪种更高？

——你喜欢用既定的方法解决相似的问题吗？

——你喜欢用自己的创造力来解决特殊的、不可预测的、模棱两可的问题吗？

——你喜欢自己安排任务和项目，还是希望别人布置给你？

——你希望多长时间内能看到自己的工作成果，短期（以小时、天计算），中期（周、月）还是长期（季度、年甚至更长）？

——你喜欢什么样的工作节奏，快速而多变（如记者、急救医生），中速而有些变化（如咨询业，小型企业），还是慢速而很少变化（如大型企业、政府、军队、农业）？

——你需要很长时间考虑，还是很快完成任务？

——你喜欢操控并且做决定吗？你是喜欢发号施令，辅助领导还是听从命令呢？

——你的工作和生活是什么关系，是紧密联系还是截然分开？

——你希望与同事或顾客建立什么关系，是亲密的、友好的还是公事公办的？

个性与环境相适应

——你希望在每天的工作环境中展现性格的哪些方面？感性还是理性？内向还是外向？你考虑的工作环境能否展现你性格中的强势面吗？

——在洛克普特性格类型中显示你适合何种工作环境？

——审视你正考虑的职业道路方向，这些行业、组织是否很吸引与你同样性格类型的人，你的性格类型在这些领域是最常见的还是最少见的？

——什么样的工作文化适合你的个性？如果你是富于创造力和艺术气质的，你会在一个自上而下的军事化组织中获得成功？如果你个性保守而且寻求安全感，你会在一个创新型的企业中感觉舒适么？

意义、价值观与环境相适应

除了物理的和社会的环境，各种工作环境还出于很多不同理由而存在。有的是为了让世界变得更美好，有的是专注于创新，有的只是机械地依照惯性提供产品和服务，也有的只是单纯扩大地盘而已。

我们经常听到有员工包括资深高管在内，说他们被公司榨干后一口吐掉，因为公司一心只想维护股东的利益，而其他一些人在这样的公司却能如鱼得水。企业文化差异巨大。有些公司把员工当家人对待，有些则只把雇员看作是一组数字，因此在择业时你要考虑工作环境和自己的价值观是否匹配，以避免自己在不适合也没有自豪感的地方浪费时间。

美国人习惯朝九晚五的工作。在工作之余，他们还能拥有自己的生活。只有医生和律师会长时间工作。对于一心只关注股票价格的公司来说，它们常有的错误观念就是要提高生产力就必须延长工作时间。但是有研究表明还有更好的办法提高生产效率。一个聪明的公司会把自己的员工当作公司的灵魂与核心，看重员工的健康和自我表达，其他一些公司只把员工当作马前卒而已。

要分辨这两种公司很容易，只要问问员工们就知道了。

其他环境要素

——你想从事的行业人才供需情况如何？如果人才多而需求少，你能脱颖而出吗？你愿意竭尽所能在高度竞争的格局中取得胜利吗？

——你想从事的行业所处的典型位置是哪里？要想拍电影，工作场所多半在洛杉矶或纽约；要是从政或投身非盈利性组织，很可能在华盛顿工作。相比之下，其他一些工作的流动性就大多了，例如从事卫生事业，几乎每个城镇都有医院、诊所。

——在你将要投身的行业中，你有什么提升的机会？你希望看到自己走到彩虹的另一端吗？要进一步了解，你要和至少5个中层或行业经验在10~15年的业内人士进行深入交流——你需要付出多少，你的未来如何。与某个职业结婚之前至少要与它约会几次吧。

办公室政治

政治一直以来都存在于我们周围。我们一想到这个词就联想到计划、形成集团以获取利益。只要有三个或三个以上的人在一起，你就会看到政治。有些人喜欢激烈的竞争与对抗，有些人则喜欢合作。

假如你的倾向是避免冲突，假如你是个不惜一切代价也要出人头地的家伙，你最好找个适合自己风格的场所。只有很少一部分人是个人主义者，他们不关心政治，像个独行侠，不依赖于团体。

办公室政治

——你最习惯于如何"玩"政治？你是乐于竞争，还是喜欢合作，或者介于两者之间？

——如果你乐于竞争，你想和谁竞争？你的队友，还是其他团队或者组织，甚至国家？

——如果你喜欢合作，你想和谁合作？你的队友、其他团队、组织或国家？

——你是喜欢冲突还是和谐，或者干脆回避政治？

——权力和地位对你有多么重要？

——你对权力的定义是什么？经营一家公司，负责一个项目，成为行业中的佼佼者，获得他人尊重，赚大钱，还是能影响公众？

——你对地位的定义是什么？对有些人来说，地位就是物质财富，有些人认为是公众的认可，有些人则认为是在特定领域中能解决难题、改造世界，或者做个好爸爸，或者被许多朋友热爱着。

——你对成功的定义是什么？它和你对权利、地位的需求有什么联系？什么结果才能让感到自己的人生是成功的？假如你的工作乏味、无聊，但你却有钱有势，这算是成功么？

2. 什么对你最重要？ 完成调查后，回顾一遍，找出最重要的要素。

- 什么环境要素是绝对必要的？这个问题对你择业的最初选择非常重要。
- 什么因素是很好却不是短期内最重要的？
- 什么环境要素是你工作多年后期望达到的？

3. 有没有确切的职业规划要素？如果有，记下来。

4. 线索？ 我敢肯定这么长的测试做下来，你一定已经有了一些眉目。

第七单元

➡ 最后的决定

现在你要扮演设计师了。你可以拿起画笔,开始绘制未来职业的蓝图。这张蓝图的基础就是你之前收集的各种资料,你所确定的各种职业要素,以及你对自己和世界的认知。借助这些信息,你需要列出一张职业清单,通过进一步研究、比较,逐渐缩小范围并最终找到自己适合的职业。

第 26 章　可供考虑和研究的职业

本章的目的是完成你职业规划过程中的最后一份清单：列出你可以考虑和研究的职业。

调查 26-1　可供考虑的职业清单终极版

在本项调查中，你要从你确定的职业规划要素开始。有什么职业可以符合你列出的所有要素吗？如果有，当然最好。但恐怕你绞尽脑汁也想不出十全十美的职业。因此，我们首先要做的就是缩减你的职业规划要素。别担心，这不是要你放弃什么，只是帮助你把注意力集中到更重要的地方。

看看你的职业规划要素，找出那些能直接指向特定职业的选项。有些要素虽然很重要，但却无法指向特定的工作，例如"在一个有公德的社会机构工作"或者"穿休闲装上班"，有成百上千的工作能符合这样的要求，包括扫马粪在内。

只有根据那些有明确指向的要素，你才能找到适合你的工作。假如你不能完成这项工作，你可以请求更有经验的家人或朋友帮助你。

1. 标注出指向明确的职业规划选项，例如：

天赋和职能	主题、意义和目标	工作环境
• 和动物一起工作	• 药学	• 创业期的网络公司
• 软件开发	• 教育	• 室外的体育活动
• 美容、按摩	• 金融服务	• 在小村庄生活
• 销售	• 音乐行业	• 在医院工作
• 抽象、理论的工作	• 机器人	• 学术环境

续表

天赋和职能	主题、意义和目标	工作环境
• 关注于真实的立体物体	• 政治	• 智囊团
• 运用我的设计感	• 借助我对科学的热爱解决长期的全球性问题	• 在船上工作
• 一对一的教练	• 信息科技	• 服务行业
• 创造艺术品	• 赚 30 万	• 军队
• 把写作当作首要职能	• 商业管理	• 在科学实验室工作
	• 关注于创造美好环境	

请注意，上面列出的所有要素都十分具体，你一看到就能想到几个具体的职业与之相对应。这就是我们要找的。如果你没有找到这样指向明确的职业规划要素，你可以参考下面的第 2 步。下面列出的这些要素没有上面那么明确，但是至少可以指明一个大致方向。

2. 再回顾一遍你的职业规划要素，找出那些可能没那么确切但仍然有借鉴价值的选项，例如：

天赋和职能	主题、意义和目标	工作环境
• 主要职能是解决空间问题	• 主要目标是为他人提供支持	• 大型、稳定的公司
• 教育是重要因素	• 强烈的心理要素	• 在世界各地飞来飞去
• 适合我的 ENFP 个性	• 人性	• 在政府工作
• 企业家精神	• 科学	• 在家工作

重要提示：如果你发现自己的职业规划要素不够确切，不能指向特定的职业，你最好重新扮演侦探的角色，再搜索一遍。

3. 通过前面两个步骤找出 3~5 个最有用的要素。把它们写在全新的一页上。这个压缩版的择业要素清单将帮你理清思路。

4. 借助压缩版择业要素清单找出尽可能多的符合所有条件的工作。别闭门造车，除非你经验多多，否则还是多听取他人的意见。再检查一遍你之前列出的待研究职业清单，可能有一些符合要求的职业，只不过你还没有认真考虑过。

5. 花上几个星期或者几个月的时间来勾画可供考虑职业清单的终极版。请别人看看你的压缩版择业要素清单，听听他们的意见。请教一些行业中人。如果你的择业要素指向教育或金融，那就在这些领域找些前辈谈谈，看看他们的工作到底是否符合你的择业要素。

如果你还是很难完成你的终极版清单，返回到你的职业规划要素列表，对这些要素进行不同的排列组合，看看还能否发现一些具体的职业倾向。例如：

- 我要应用自己的分析能力解决问题。
- 我要应用自己的立体空间能力。
- 我要应用电脑等高科技设备工作。

注意，当你将多个要素组合起来时，例如上面列出的这三个，它们所指向的职业往往会比单一要素更清晰，让你的思路更清楚。

第 27 章　做出你的选择

你已经快冲刺到终点了。现在，你要回顾自己所做的各种艰苦工作——把"可供考虑和研究的职业"和"确切的职业规划要素"这两份清单进行比对，看看哪些工作是最适合你的，然后通过进一步的调查研究，做出你的最终决定。

调查 27-1　我确定的职业选项和我的职业规划要素能匹配吗？

1. 要完成本项调查，你需要制作一张表格（参见下面的示例）。注意要为你的职业规划要素留出足够多的空格。

2. 在表格的第一行分别列出你认为可以考虑的职业。在表格左侧的第一列写出你的职业规划要素，假如你愿意的话，还可以把这些要素分为三大类，即"天赋"、"工作目的"和"工作环境"。

3. 从第一个职业开始，逐条对照各个要素，在符合的项目中打钩，完成后再开始另一个职业的比对。不要随便猜测，如果你不知道是否符合，就再去做些调研工作。完成这张表格也许会需要一段时间，但既然这张表格关系到你的未来幸福，最好还是不要主观臆断。

职业比较表格样本

职业规划要素	脑外科医生	汉堡包制作人员	3号职业	4号职业	5号职业	6号职业
立体空间感	√	√				
收入可观	√					
应用双手	√	√				
受人尊重	√					
……						

续表

职业规划要素	脑外科医生	汉堡包制作人员	3号职业	4号职业	5号职业	6号职业
……						
总计	4	2				

4. 统计打钩的总数,看看哪个工作最符合你的职业规划要素。

5. 最好多找几个符合条件的工作,以便在下一项调查中进行比较。

6. 很有可能没有什么职业能够符合你列出的所有条件。如果是这样,你就需要再次戴上侦探的帽子,做更多调研工作。或者,你可以放弃一些并非必不可少的要素。我们从来不保证有什么职业能够十全十美,符合你的所有要求。

调查 27-2　　　　8 种伟大的职业

这一阶段,你要进一步缩小你的选择范围。我们要采用的方法就是对比。你肯定在食品超市里看过人们是怎么样挑选苹果的,很少有人会随便抓几个,看也不看就扔进袋子里,他们通常会逐一检查,两两比较,直到选出最好的。你现在要做的事情是一样的。在开始调查之前,你要读完所有的说明和下一项关于研究的调查 27-3,运用其中的内容帮助你完成这项调查。

1. 从上面的调查中挑出大约 8 个你认为更适合你的职业选项。假如你的选择范围已经被压缩到小于这一数字,那更好。

2. 在你的笔记本中为每个待选的职业留出全新的两页,在页眉上写上一个职业的名称,然后开始做研究工作。在一个职业的相关工作都完成之后再开始另一个。

3. 在每个职业研究工作的第一页,描述这一职业将给你带来什么样的生活,清楚地写下你每天要做些什么,工作的本质和目标是什么,担当的职能是什么,工作环境如何,运用到的能力和性格特质包括哪些,打交道的对象是谁,收入有多少等等。你的描述越详尽,你的体会将越真实。

4. 如果你不知道一个工作到底会带来什么，不要妄加揣测，而要努力研究，找出这个职业的特质。如果你完成的调查不是基于真实、确切的信息，那你就是在浪费自己的时间。

5. 在每个职业研究工作的第二页，划一条垂直线把这一页分成两栏，在左边一栏的顶端写上"利"，右边一栏写上"弊"。然后开始研究这个工作的各个方面。解释一下，什么是"利"：某项工作的所有积极面都被称为"利"，那些吸引你的、适合你的、让你感觉良好的、帮你实现目标的要素都是"利"。记得要深入挖掘，不要只局限于表面的、简单的回答。例如，你喜欢和人们一起工作，仅仅知道这一点还不够，你还需要问更多问题："和多少人一起工作？多长时间？什么人？为什么与他们一起工作？这种互动的结果如何？"对于"弊"，同样如此，多花点时间。

6. 回顾这8种职业，比较它们各自的利与弊。在适合度和吸引力方面，哪个职业排在首位？哪个排名垫底？看看能否排除一些选项。

7. 这项调查和接下来的调查27-3将帮助你最终划定择业的最后范围。

调查 27-3　　　　深入研究

在这一阶段，我们要展开全面、深入的探索，假如你要和某个职业"结婚"，你至少要先约会，以增进了解吧。我们的探索包括两方面，一是尽可能多地认识一个职业以确定它是否合适；二是超越那些浪漫的幻想，进入真实的世界。

这项调查要花费的时间从一周到几个月不等，你要重新扮演侦探的角色，回答所有问题，为最终的决定做好准备。

1. 列出你不知道的部分。要确定你历经辛苦才列出的选项是不是真适合自己，你需要切实了解这个职业的方方面面。因此你需要问问自己有没有不知道的方面。要知道，你的了解很可能是不完整的、片面的，甚至是错误的。

2. 问些尖锐的问题。

a）你要回答的主要问题是"要做出最后决定，我还需要知道什么"，如果你能回答这个问题，你就知道自己还需要做什么研究了。

b) 用五个 W 提问，包括 who（谁），when（什么时候），why（为什么），what（什么）和 where（什么地方），用提问的方式帮助自己了解更确切的信息。

c) 把自己未知的内容细化成不同部分。例如"我会喜欢一个医生的工作吗"，这个问题太笼统。首先，你要了解"我指的是什么医生？不同科室的医生每天干的工作都有哪些，尤其是我想担任的职务，我的个性和能力更适合哪些工作"。如果你想加入的是国际红十字会的医疗机构，你要考虑的问题更多，比如你有没有适应艰苦环境的恒心和毅力？

3. 可用资源和需要做的研究。选择合适的资源帮助你搜集信息回答上述问题。从你已经开展的研究中找出线索，然后从三方面扩展开去：

- 审视自我。在很多情况下，最好的回答都来自你的内心。"我应该按照自己的天赋和喜好做选择，还是跟随多数人的道路，过更实际、更安逸的生活？"诸如此类的问题只有你自己才能回答。你可以问其他人的意见，但最终回答的是你自己。

- 向外寻找。有时候你需要外部的信息。使用所有你可以接触到的资源，包括网络、图书馆、公司网站、大学教授、业内人士、校友会、相关领域的研讨会、专业协会、专业杂志期刊等等。多和相关人士探讨，借助"外脑"，请他们诚实回答在日常工作中喜欢什么，不喜欢什么。当然，你的问题也应该是清晰、明确的。

- 组织答案。有时候，不管是内在还是外在，你都找不到现成的答案，你只能组织自己的答案。注意，自己的答案不是基于猜测而形成的，它依靠的是前面你所做的各种侦探和研究的工作。例如，"作为一名环保建筑师，我的年薪能达到 20 万吗"，这个问题几乎无法找到确切答案。这时，你可以组织一个自己的答案并且下定决心要实现它，比如，"我要全力以赴成为世界一流的环保建筑师，年薪至少 20 万"。当然，在发表这个勇敢的宣言之前，你要做切实的研究探讨此事的可行性。

4. 记录你的回答和发现。 总结你搜集的信息,记录要点,然后写出答案。

你可以制作一张表格,如下所示。制作完成后你可以将它和27－2结合在一起使用,帮助自己逐步缩小范围,然后选出自己的未来职业。

研究步骤	职业名称:机械工程师		
	天赋和职能	主题和意义	工作环境
1. 未知的内容	不知道自己是否具有在这个领域出类拔萃的能力。	不知道自己对机械工程师每天要解决的问题是否感兴趣。	不知道什么类型的公司会招募机械工程师。
2. 提出的问题	我该向谁去了解这一行需要的才能?	他们每天要面对的主要问题都是什么?	有哪些是具有创新性的公司,他们在什么地方?
	我要怎么确定自己具有所需的能力呢?	哪些行业雇佣机械工程师?	我的能力和个性适合哪类公司?
	什么类型的人能进入这个行业,我和他们是同类吗?	为什么我会对这个行业有兴趣?我想从中得到什么?	什么样的同事和工作环境最适合我?
	他们每天的职责主要有哪些?	我对这个行业的主题有足够的兴趣吗?	工作收入和福利如何?
3. 可用资源和待做的研究	和3个大学教授以及至少5位工程师对话。找一个职业导师,测试自己的职业资质。浏览专业期刊和网站。去学校的图书馆看看。	寻找行业协会;找些经典专著读一读。通过阅读了解这个行业要解决的问题。思考自己真正的动机是什么?我为什么对此有兴趣,我的终极目标在哪里?	在网上寻找有关工程公司工作的博客,了解其工作环境。为某家公司提供志愿服务,申请成为实习生。和新近毕业的前辈聊天,以获得业内人士的意见。

续表

研究步骤	职业名称：机械工程师		
	天赋和职能	主题和意义	工作环境
4. 问题和发现	机械工程师要具备较高的空间能力和分析能力。多数是性格内向、逻辑性强、脚踏实地的一类人。我正好就是这种人。	这一领域的就业方向包括航空、军事、家用器具以及自动化行业。我喜欢汽车，很希望能参与设计一个替代能源的发动机。	工作环境的差异很大，要看这家公司是专门设计创新产品还是大批生产普通产品的。我喜欢创新，一个小型但新锐的公司更适合我。

如果没有一项工作符合我的所有要求，怎么办？

也许，到最后你发现没有一项工作能符合自己的所有要求。这种情况经常发生，但你应该能在下列说法中找到自己的关键问题：

1. "我找不到什么工作能符合自己的职业规划要素。"请保持轻松、开放的心态。别泄气，要知道你正在用自己的决心挑战不可能，去寻找一份伟大的职业。你的职业规划要素越多、越详细，寻找匹配工作的难度可能越大。

你想要的一切可能只有在你被提升到一定职位后才能拥有。假如你想成为一家龙头企业的高管，你需要多年的努力才可能实现理想。如果某项工作已经符合了你的多数要求，只在个别方面有差异，别马上放弃它，想想自己能否改进。不过，也要小心，很多人选择并不适合自己的工作就是因为他们幻想一切都会慢慢好起来。要经常思考，自己选择的道路能带领你达到你所向往的地方吗？

假如绝大多数职业对你来说都太局限了，你也许应该放弃找个"普通工作"的想法，转而开始自己的事业，也许是自己做生意，也许做个自由职业者。

如果你是个梦想家，想得到一些与众不同的东西，认为现有的工作都没什么意思，别担心，你不是疯了，对于那些发明"Google"的人来说，常见的工作肯定不适合他们。这类人想要的一切不是朝九晚五的工作能提供的，他们更愿意自己创造一切。由于没有适合自己要求的工作，他们只好自己创造一份合适的工作。你也可以这样做。

2. "我不符合条件"。有时候，人们知道自己想做什么，却达不到工作要求。假如你想成为美国总统，却不是美国人，很抱歉你的梦想不可能成真。你还是换个梦想吧。但是，多数情况下，人们说自己不行，只是因为他们不想付出艰苦的努力。如果你看过《功夫熊猫》，你应该知道要实现梦想需要付出多少汗水。

3. "我不想做这个工作所要求的一切。" 当人们说"我不能"的时候，我总在怀疑他们说的也许是"我不想""我不愿意做"。有必要的话，请回到本书的开头，重新阅读如何克服"是的，但是"的惯性思维。

宣布计划完成，开始庆祝吧!

终于完成了！我知道你为此付出了很多，但是你坚持下来了。祝贺你！记住，最后一步就是庆祝！

第三部分
职业搜索引擎

Now 非你莫属
顺应天性找工作
what?

第八单元

➡ 辅助工具

要从诸多选项中找出一个最适合的职业,一个好办法就是对所有可能符合你的职业都有所了解。虽然这样的选择很可能就像拿着一本外文菜单点菜一样困难,但不要着急,下面的内容会帮你解决这个棘手的问题。

第28章 洛克普特性格类型和才能指标

下面的方法是让你在职业选择中了解"我是谁"的一个新途径。它把你的性格类型与我们前面提到的常人/大师类型以及空间/非空间能力结合起来。

比如，你的性格类型是 ENFJ，那么会有一系列的工作适合大师型 ENFJ 和常人型的 ENFJ；这些工作又可以根据能力继续细分为具有较强空间感的和较强非空间感的。例如：假如你是个空间想象力强的大师型 ENFJ，你就可以找到相对应的职业列表，但前提是你要了解自己的性格和能力特征。

重要提示：这些职业清单只是为你做参考，不要拘泥于职业本身，一定要从中做出选择，重点是寻找真正适合自己的职业。为此，你应该研究适合自己性格类型的所有职业。

大师型 ENFP

非空间感	有形感	空间感
演员：戏剧	体验教育：活动策划、指导员	替代医学的治疗师
导师：个人成长，职业转换，人生规划	替代疗法医生：生物反馈、虚拟实境医疗	灵长类动物学
咨询师：传播、教育、人力资源	认知科学家：个性、心理	进化生物学家，社会生物学家
戏剧指导	记录片制片人	电影导演：独立制作
法律：娱乐、媒体	户外训练指导	美术工作者
演讲家，激励导师	摄影记者	整体医学：理疗家
组织发展咨询师	教授：人文学科、电影、艺术	生命科学教授
心理学家：关系、精神、职业	心理学家：运动心理学	神经精神医学家
社会公益企业家	戏剧导演	表演艺术：舞蹈教师
社会学家：关注教育	医师：神经语言学	内科医生：家庭、精神病、预防
		幽默疗法表演者
		瑜伽老师

常人型 ENFP

非空间感
- 高校入学指导教师
- 活动家：教育改革，医疗改革，反战
- 演员或作家的经纪人
- 牧师
- 顾问：职介中心工作人员
- 资深外交官
- 记者：富有人情味报道
- 善款募集者
- 议员游说者：社会福利
- 市场/传播总监
- 市场研究
- 非赢利性机构负责人：社会、艺术、文化
- 人权监察者：公司、高校、政府机构
- 公共关系总监
- 学校心理医师
- 培训和发展：项目规划，培训师

有形感
- 采购：教育产品、艺术品、书籍、音乐
- 电影制片人：故事片
- 机构内部咨询师：人力资源、机构发展
- 音乐治疗师
- 非赢利性机构负责人：公共卫生、国际发展
- 护士：心理咨询，精神病科
- 乘客服务代表
- 政治活动经理
- 休闲活动领队
- 休养治疗师
- 宗教活动负责人
- 教师：高中社会学科、历史、英语
- 培训师：应用科学，咨询，教育

空间感
- 艺术治疗师
- 体育教练
- 舞蹈/运动治疗师
- 设计艺术（领队）：设计，新的都市生活
- 电影导演：好莱坞的制作
- 神经科医师
- 护士：助产士，精神病科
- 医师：全科医疗、预防医学
- 教师：空间艺术、电脑绘画、舞蹈
- 团队领袖：生命科学，科技工程
- 培训师：科技领域，科学，工程领域

大师型 INFP

非空间感
- 演员
- 律师：社会变革，国际人权
- 教练：职业、人生、个人成长
- 顾问：教育、组织行为
- 咨询师：关系、精神、职业转换
- 创意写作：诗人、小说家、剧作家
- 文化人类学家、民族志学家
- 课程设计
- 戏剧指导
- 经济学家：家庭、公共、

有形感
- 认知科学家：个性、心理学
- 记录片制作人
- 进化生物学家
- 艺术家：印象派、抽象派
- 法庭心理学家
- 历史学家：科学史
- 生命科学：野生动物学、社会生物学
- 摄影记者
- 心理学家
- 科技记者
- 软件设计：教学应用
- 软件开发：绘图界面
- 研究方法论学者

空间感
- 替代疗法医师：理疗师、身体协调
- 考古学家
- 建筑历史学家
- 舞蹈编导：舞蹈、表演艺术
- 舞者：爵士、即兴
- 工程师：人机互动界面，人体工学
- 艺术：雕塑
- 工业设计师
- 音乐录影带制作人
- 表演者：马戏团
- 比较人类学：体质人类学
- 医生：精神病科、全科

- 劳动力、卫生、教育
- 历史学家：社会、艺术
- 人文学者
- 独立学者：社会科学、人文学科
- 法学教授：人类情感心理
- 语言学家
- 神话学者

- 灵长类动物学家
- 剧作家：独幕剧
- 布景设计师
- 身体心理学

常人型 INFP

非空间感	有形感	空间感
• 社会活动家 • 广告：文案、网站内容写作 • 宣传活动战略家 • 牧师 • 小说家：历史题材、爱情小说、传记 • 人力资源：培训专家、职业培训 • 新闻：编辑、专栏作家、自由作家 • 图书管理员：社会、人文科学、艺术 • 中介 • 非赢利性研究者：社会问题 • 演说写手：政治 • 培训与发展：规划设计、培训师	• 商业设计：贺卡设计、广告 • 对外服务官员：美国外交部 • 人机对话界面设计师 • 人体工学工程师 • IT：数据库设计、绘画界面 • 军事：特工、人工智能 • 护士：心理学、咨询	• 建筑师：园林设计、纪念碑 • 艺术：三维动画、空间艺术 • 体育教练：包括脑力和体力运动 • 设计：风水、室内设计、历史公园 • 剧作家：教育片、电视剧、好莱坞大片、情景喜剧 • 城市规划：新城市生活设计 • 电脑游戏设计 • 网站设计：图像和信息构建

大师型 ENFJ

非空间感	有形感	空间感
• 职业导师 • 传播顾问：会议筹办 • 传播总监 • 顾问：人力资源、培训计划设计专家 • 戏剧指导 • 文科教授	• 艺术史：重点是教学 • 艺术治疗师 • 记录片制作人 • 音乐治疗师：神经紊乱 • 教授：生命科学，药学 • 运动心理学	• 替代疗法治疗师 • 体育教练，高校级别 • 电影导演：独立制作 • 理疗 • 神经科医生 • 医生：全科、预防 • 教授、导师：建筑、设计

- 法律：精神健康、种族关系、残疾人权益
- 人生导师：个人发展，人际关系
- 心理学家
- 演讲者：社会问题
- 性治疗师
- 社会科学教授
- 社工顾问：上瘾等问题
- 培训师：领导力发展，团队建设
- 瑜伽教练

常人型 ENFJ

非空间感

- 管理者：健康、成人教育
- 入学顾问：高校
- 广告案执行者
- 演员、作家的经纪人
- 协会领导
- 牧师
- 咨询师：职业、公共健康、学生
- 学院院长、高校校长
- 高级外交官
- 筹款人
- 人力资源总监
- 市场总监
- 新闻播放人：人情味报道
- 非营利机构负责人：社会问题，艺术推广
- 政治顾问：选战策略制定人
- 政治家：州议员、国会议员
- 公共关系
- 招募人
- 销售经理
- 教师：高中英语、历史、音乐

有形感

- 夏令营负责人
- 护士总管
- 劳务派遣顾问：职业介绍
- 制片人：电影、电视节目、媒体推广
- 演讲辅导师
- 总监、经理、团队领导
- 网站制作人
- 教师：视觉艺术、图画
- 信息构建：项目经理

空间感

- 高中体育教练
- 设计艺术总监
- 电影导演：好莱坞制作
- 军官
- 医生助理
- 城市规划：项目经理

大师型 INFJ

非空间感
- 导师：职业、人生、个人成长
- 顾问：教育、人力资源
- 咨询师：人际关系、精神、职业
- 戏剧指导
- 企业家：与教育或人力发展有关的
- 人文学者：历史、文学、音乐学
- 法律工作者
- 法律：艺术、民事、就业、比较家庭法
- 公益：写作或研究总监
- 组织行为和发展专家
- 政治家：美国国会议员
- 心理学家/治疗师：叙述治疗，神经—语言程序
- 研究者：政治智囊团
- 社会科学家
- 社工：研究者，项目发展
- 音乐人
- 传记作家

有形感
- 艺术评论家
- 艺术史学家
- 作曲家：电影配乐
- 信息科学学家
- IT：数据库设计
- 剧作家
- 培训和发展：项目设计、演示
- 网站设计：信息构建

空间感
- 针灸师
- 替代疗法：理疗师
- 考古学家
- 建筑历史学家
- 艺术：雕刻
- 拓展项目设计：室外挑战
- 电脑游戏设计
- 工程师：人机对话，人类工程学
- 地理学家：经济、政治、文化、历史
- 运动治疗师：精神/身体的协调
- 有机植物种植：环保教育
- 剧作家：故事片
- 乐团指挥

常人型 INFJ

非空间感
- 社会活动家
- 广告：文案写作、网站内容创作
- 牧师
- 总监：教育或非赢利性社会服务机构
- 编辑：图书、杂志、报纸
- 记者
- 人力资源：职业规划、领导力培训
- 会议组织，中间人
- 律师助理：研究者、法律

有形感
- 商业艺术：绘画、广告
- 电影编导
- 人机界面设计
- 人体工学工程师
- 信息构建
- 陪审团顾问
- 市场分析人士
- 护士：心理学科、咨询、全科
- 医生：精神病学、全科、预防
- 图书管理：高校图书馆

空间感
- 建筑：可持续发展，园林
- 设计艺术：场景设计，纪念碑设计，历史公园
- 展览设计：博物馆，历史展览
- 工业设计师
- 医生助理：精神病学，预防医学
- 剧本作家：电视剧、情景喜剧
- 软件开发：图形用户界面设计

- 图书管理员
- 公共政策分析师
- 公共关系/大众传播：作家、研究者
- 研究者/作者：非赢利性机构，政治智囊团
- 演讲作家
- 策略规划师
- 情景喜剧作家
- 简历写手

- 剧本审读：电影
- 笔迹识别

- 城市规划：景观设计

大师型 ENTP

非空间感	有形感	空间感
• 教授：法学、社会科学、公共政策 • 顾问：社会变革 • 外交官：美国外交部 • 人文学者 • 投资基金经理：新兴市场 • 律师：宪法、知识产权 • 政治学者、专栏作者 • 政治学家 • 社会批评家 • 社会政策研究者：智囊，非营利组织 • 社会科学家：重点在于教育 • 风险投资	• 教授：数学、计算机科学 • 顾问：管理信息系统，电信，商业系统 • 记录片制片人 • 企业家：高新科技 • 流行病学家 • 执行教练 • 数学教师 • 社会活动家：公益企业家	• 建筑：可持续发展顾问 • 教授：工程学，人体工学 • 顾问：工程、医学、应用科学 • 生态学者：进化科学 • 发明家 • 生命科学和物理科学研究者 • 神经心理学家、神经科学、神经学 • 医生：药学、预防药学 • 软件和工程设计：技术团队领导 • 空间研究：航空航天局科学家

常人型 ENTP

非空间感	有形感	空间感
• 经纪：文学、电影 • 活动策划 • 记者：调查报道 • 议员游说者 • 经理：新锐公司 • 市场商人 • 政治分析家 • 政治家：议员、总统 • 公共关系	• 广告，创意导演 • 经营模式分析 • CEO，高科技公司 • 公司高管：专项发展人 • 设计艺术：项目经理 • 电影制片人 • 特工人员：中情局 • 情报分析师 • 军官：反谍战，审问者	• 建筑：教育者 • 工程经理 • 设计工程师：各领域研发 • 工业设计师：新产品研发 • 导师/教授：药学、理科、工程学 • 医学助理：神经学、心脏学 • 项目经理：理科、工程学

- 策略制定者
- 房地产开发商：绿色建筑
- 理科/数学教师：高中几何

大师型 INTP

非空间感
- 喜剧：喜剧作家、演员
- 文化人类学者
- 经济学家：国内、发展、博弈论
- 历史学：史前、古代、世界史
- 独立学者：人文、社会科学
- 法官：联邦法院、高等法院
- 法律：宪法、知识产权
- 语言学家
- 数学家：理论、应用研究
- 音乐家：爵士/古典吉他、小提琴、钢琴演奏家
- 音乐学家
- 非小说作家：科技、政治
- 哲学家
- 政治专家、专栏作家
- 研究者：社会科学
- 社会批评家
- 社会政策研究者
- 社会科学教授
- 社会学家
- 统计学家

有形感
- 人工智能研究
- 生物信息学
- 电脑程序员
- 记录片制片人
- 经济学家：环境和自然资源
- 流行病学家
- 进化科学家：社会生物学
- 小说作家：科幻、恐怖、剧作家
- 艺术家
- 法律：国际环境法
- 政治漫画家
- 心理学家：认知科学、心理测量
- 研究：计算机科学、新科技
- 公益企业家

空间感
- 考古学家
- 生物学家：所有的分支学科
- 生物医药工程：虚拟实境工程师
- 化学家：各个分支
- 计算机科学
- 设计工程师：各领域研发
- 环境学家：全球变暖研究
- 电影：动画和特效
- 法学
- 法律药学
- 法律科学：生化、基因
- 基因学家
- 发明家
- 律师：专利
- 生命科学和物理科学：注重研究
- 纳米科学
- 神经心理学
- 光学：激光、全息摄影术
- 医生：药学、科学研究
- 物理学者：各个分支
- 机器人研究
- 软件研究
- 外科医生：整容、神经科学、心脏学

常人型 INTP

非空间感
- 编辑：社会科学、公共卫生、公共政策
- 金融分析师
- 投资分析师：共同基金、

有形感
- 广告艺术家
- 环境规划师
- 特工：中情局
- 情报分析师：

空间感
- 建筑：绿色科技、新城市生活研究
- 工业设计
- 室内设计

223

股票/债券分析
- 新闻学：媒体批评、政治、科学、健康
- 法律：研究者、地区律师、军事律师
- 市场分析师
- 公共政策：研究员、分析师
- 策略制订者

- 军官：反谍战、审问者
- 科技作家
- 城市规划者

- 医生助理：外科医生、肿瘤学、神经学
- 城市设计师
- 电脑游戏动画师
- 游艇设计师

大师型 ENTJ

非空间感
- 高校教授：经济、法律、政治
- 信用调查员
- 经济顾问
- 美联储：经济分析师
- 金融规划师
- 法官：联邦那或高等法院
- 法律：种族、卫生政策、审讯
- 议员游说者

有形感
- 高校教授：IT、管理信息系统（MIS）、计算机科学
- 顾问：管理、商业系统、IT、管理信息系统
- 工程管理
- 企业家
- 流行病学家

空间感
- 建筑顾问
- 高校教授：工程学、物理科学
- 电脑安全顾问
- 工程顾问
- 药学：环境、滤过性微生物学、免疫学
- 销售代表：药品、医疗设备

常人型 ENTJ

非空间感
- 管理者：学院院长、大学校长
- 公司管理者：CEO、董事会成员
- 新闻：记者
- 经理：销售、市场
- 公共基金交易员
- 非营利性机构负责人、项目设计师
- 政治家：美国总统、参议员
- 项目团队领导
- 公共政策分析人士
- 销售：银行、股票

有形感
- 商业管理者：高科技、工程
- 商业系统分析
- 首席信息官
- 联邦机构负责人
- 总经理、高层管理者
- 特工：中情局
- 法律：地区律师、公设辩护律师
- 销售：高科技产品

空间感
- 建筑：项目经理
- 体育教练
- 电脑系统分析师
- 建筑工程管理
- 设计工程师：技术团队首领
- 生产企业领导
- 律师、专利代理
- 项目管理：工程、软件、IT
- 店铺领班：汽车修理
- 驻外服务：医学负责人
- 外科主任

大师型 INTJ

非空间感
- 课程设计师
- 经济学家：金融、商业、经济史
- 法庭会计专家
- 历史学家
- 新闻工作者：科技、政治专栏
- 法官：联邦或高等法院
- 法学教授
- 法律：宪法、移民、国际金融
- 音乐家
- 政治学教授
- 精神病学家
- 社会政策研究者：智囊团、非赢利性组织
- 社会学家
- 统计学家

有形感
- 人工智能科学家
- 生物信息学专家
- 电脑程序员：软件开发顾问
- 顾问：商业、信息科技
- 法学精神病学家
- 信息技术：网络和数据库建设
- 法律：房产、刑法、保健、公共卫生
- 数学家：解决实际应用问题
- 心理学：研究、心理测量、认知科学
- 科学作家

空间感
- 音响工程师：音乐厅、录音室设计
- 生物学家：各个分支
- 生物药学工程师
- 化学：各个分支
- 法学计算机科学
- 电脑硬件工程师
- 电脑安全专家
- 设计工程：各个领域
- 经济学家：城市和农村、农业、发展经济学
- 环境工程师
- 法学科学：生物化学、基因学
- 基因工程
- 发明家
- 法律：专利、反垄断、技术、土地使用、网络法规
- 药理学家
- 医生：神经科、心脏科、面部重建
- 机器人设计
- 软件开发

常人型 INTJ

非空间感
- 高科技公司 CEO
- 金融分析师
- 投资分析师：公募基金，证券分析
- 新闻：编辑、专栏作家
- 贷款负责人：银行业务、抵押、中小企业
- 市场分析师
- 军事：律师、法官
- 公共政策分析
- 证券分析师
- 策略制订者

有形感
- 电脑程序员：银行业、金融应用
- 电子工程师，技师
- 环境规划师
- 情报分析
- 法律：公设辩护律师
- 军事：电子设备技师
- 城市规划师

空间感
- 建筑师
- 电脑工程师
- 电脑系统分析
- 工业设计
- 景观设计师
- 专利代理、审核者
- 医师助理：心血管手术
- 交通规划者
- 城市规划者

大师型 ESFP

非空间感	有形感	空间感
• 演员	• 驯兽员，动物心理学家	• 艺术评论家
• 喜剧演员	• 运动员	• 体操运动员
• 企业家：专业产品与服务	• 植物学家	• 脊椎指压治疗师
• 语言教授	• 户外训练指导	• 舞蹈编导，编舞者
• 音乐教师	• 公共卫生专家	• 皮肤科医生
• 医药代表	• 休养治疗师	• 化妆师
• 歌手，表演者	• 餐厅经理，主持	• 助产士
• 社工：帮助问题青少年	• 运动心理学家	• 理疗科医生
	• 减肥与健康专家	• 运动医学
	• 品酒师	• 野生动物学家

常人型 ESFP

非空间感	有形感	空间感
• 广告客户代表	• 小酒店老板，经理	• 体育教练
• 传播总监：协会、非盈利性组织	• 企业家：餐厅、零售	• 拉拉队领队
• 外交官	• 商人，买手	• 大厨
• 基金会管理者	• 形象顾问	• 消防员
• 筹款人	• 私人教练	• 体操教练
• 市场总监	• 警察	• 发型师
• 中介	• 政治家：市场、市议员	• 幼儿园教师
• 军事：公共事务	• 销售代表：生产、批发、服务企业	• 护士：急诊科、法学（性侵犯）
• 新闻主播	• 销售：时尚、家居	• 军医
• 媒体秘书	• 教师：小学	• 物理治疗
• 制片人/发行人：电影、电视剧	• 旅游：旅行社、导游、电视节目主持人	• 驻外服务：医疗
• 公务关系，公共事务	• 网站制作人	
• 销售		
• 脱口秀主持：旅游、美食、娱乐节目		

大师型 ISFP

非空间感	有形感	空间感
• 演员	• 动画作家：电影、电脑游戏、卡通片	• 动物救护专家
• 驯兽员，动物心理学家	• 艺术治疗师	• 艺术及古玩评论家
• 表演者	• 健身教练	• 手工艺人
• 冥想和放松教练		• 运动员

- 音乐教师
- 音乐家、歌手
- 职业顾问
- 社工：问题青少年
- 歌曲创作
- 特殊教育老师
- 培训专家
- 游记作家

- 植物学家
- 漫画家
- 奶酪生产师
- 色彩专家
- 营养学家
- 模特
- 多媒体专家
- 临床营养学家
- 画家：室内、装饰
- 糕点师傅
- 香水师
- 摄影师：时尚、自然、广告、旅行
- 诗人
- 公共卫生专家
- 野生动物学家：自然摄影师、动物保护主义者
- 酒或奶酪店主人
- 品酒师
- 瑜伽教练

- 蛋糕师傅
- 大厨
- 动物摄影师
- 舞者，花样滑冰运动员，体操运动员
- 艺术：人物肖像、壁画、景观、裸体雕塑
- 森林管理员
- 园林师、花匠
- 化妆师
- 制作、修理乐器
- 按摩师
- 军事：整容手术、营养师，顾问
- 理疗师
- 表演者：杂技
- 医生：整容、急诊、运动医学
- 重建专家：历史建筑
- 石匠、木匠
- 兽医

常人型 ISFP

非空间感	有形感	空间感
传播：公共关系、公共事物	广告：摄影、平面设计	广告：立体构图
客户服务代表	酒保，服务员	有氧健身教练
编辑	照顾幼儿：白天托儿所	按摩
求职顾问	儿童读物作者	电脑辅助设计
口译	企业家：零售、私人服务、小酒店经营者	服装设计：婚纱和特殊场合服装
语言教师	时尚买手，销售	消防员
媒人：约会服务	室内装饰	发型师
中介	私人助理	室内设计师
招聘顾问	警察	珠宝设计师
学生顾问，入学顾问	驻外服务：医疗	景观设计师
教师：学前教育，二外学习（英语），幼儿教育		护士
		场景设计师，戏服设计师

大师型 ESFJ

非空间感
- 基因学家
- 收容所顾问
- 职业顾问：失业办公室
- 语言教授
- 宗教导师
- 社工顾问：精神健康
- 特殊教育工作者
- 培训师：客户服务、销售

有形感
- 古董商人
- 宴席筹办者
- 食品服务专家
- 健康教育者
- 营养学家
- 休养治疗师
- 销售代表：制造、分销、服务供应商
- 特殊活动设计者

空间感
- 动物救护专家
- 看手相的人
- 私人教练
- 医生：妇科、产科、儿科
- 医生：疼痛缓解与治疗、老年病学
- 空间规划师：零售店面
- 运动医学家
- 兽医（初步护理）

常人型 ESFJ

非空间感
- 客户代表：销售、市场
- 管理者：社会服务、公共健康
- 广告销售：人力资源、健康
- 门房，前台职员
- 客户服务联络员
- 外交官
- 健康服务管理者
- 人力资源经理
- 市场经理
- 军事：公共事务官、人力管理、招兵军官
- 新闻记者
- 私人秘书
- 接待员
- 零售代表
- 学校校长

有形感
- 家庭陪护
- 酒保、服务员
- 殡葬馆管理者
- 食品店经营者
- 酒店、餐厅、美容店经营者
- 室内装修
- 护士长
- 办公室主任
- 政治家：市长、市政府委员
- 地产经纪
- 零售业经理
- 销售工程师
- 教师：学前教育、幼儿园、小学
- 旅行社、行程设计
- 婚礼策划

空间感
- 体育教练
- 牙齿保健师
- 工程管理
- 食品服务经理
- 承包商
- 发型师
- 健身俱乐部经营者
- 餐厅、酒店、度假村经营者
- 护士：助产、老年医学、儿科
- 职业病医师
- 警察
- 橱窗展示设计
- 财产管理

大师型 ISFJ

非空间感
- 顾问：戒毒康复、收容、老年病学、危机干预热线
- 语言教授
- 法律：家庭、离婚、人力

有形感
- 驯兽员
- 艺术和古董鉴赏家
- 艺术治疗师
- 面包师傅

空间感
- 针灸师
- 动物救护专家
- 艺术品修复专家
- 手工艺人

- 资源、民事侵权及意外事件
- 图书管理员：信息科学专家
- 中介
- 冥想教练
- 宗教导师、学者
- 特殊教育工作者
- 培训专家

- 植物学家
- 书法家
- 奶酪制作
- 色彩专家
- 企业家：零售、私人服务、小酒店经营
- 园艺师
- 临床营养学家
- 有机植物种植者
- 香水师
- 运动心理学家
- 科技产品销售支持
- 培训
- 酒或奶酪店经营者

- 大厨
- 馆长，管理员
- 牙医
- 食品科学家
- 护林员
- 家具制造
- 工业设计
- 乐器制造
- 助产
- 护理：研究
- 眼科医生
- 糕点师傅
- 医生：全科医疗、儿科、内科

常人型 ISFJ

非空间感
- 秘书，行政助理
- 牙科保健
- 客服代表
- 编辑
- 教育管理者
- 人力资源管理
- 保险经纪
- 翻译
- 图书管理员，档案管理员
- 杂志编辑
- 媒人：约会服务
- 律师助理
- 私人助理
- 僧侣，修女
- 接待员
- 社工：收养，监护
- 学生顾问，入学顾问

有形感
- 儿童看护
- 少儿读物作家
- 临床营养学家：家庭健康、戒毒康复
- 医务工作者
- 小酒店经营者
- 内部装饰
- IT 网络管理
- 图书管理员：多媒体管理
- 餐馆、零售企业、私人服务企业的管理者
- 私人厨师
- 宠物美容师
- 警官
- 产品采购
- 售货员、收银员
- 教师：学前班，外语教学

空间感
- 麻醉医生
- 时尚设计师
- 消防员
- 多媒体设计
- 美发师
- 室内设计师
- 珠宝设计师
- 景观建筑师
- 按摩师
- 护士：职业病、收容所、戒毒所
- 军医
- 演讲病理学家
- 网站设计
- 动物园管理者
- 呼吸疾病医师

大师型 ESTP

非空间感
- 商业顾问
- 公司律师
- 企业家：专业产品与服务

有形感
- 体育教练
- 拍卖人
- 生态游导游

空间感
- 航天员
- 运动员
- 驾驶员：坦克、卡车、重

- 金融规划师
- 交易者
- 证券交易
- 税务顾问

- 健身教练
- 律师：军事、体育
- 拓展活动指导
- 药师
- 摄影师：冒险、战地报道
- 零售商店经营者：专科产品

型机械
- 地球科学：物理学、火山学、地震学
- 探险家
- IT：个人电脑和网络问题解决者
- 飞行员：军事训练
- 房产开发商
- 赛车、赛艇
- 煤矿、石油等能源挖掘工程师
- 特技演员
- 兽医
- 外科医生：急诊、战地

常人型 ESTP

非空间感
- 精算师
- 审计师
- 广电传媒记者
- 法律：公司
- 市场推广
- 零售企业经理
- 销售经理
- 税务经理
- 白领犯罪调查员

有形感
- 农业：农场管理
- 自行车旅行导游
- 毒品管制所
- 保险理赔员：自然灾害查验
- 执法者：侦探、警官
- 管理者：运营、制造
- 项目经理：商业、技术
- 商业地产经纪
- 特勤工作人员
- 教师：数理化
- 旅行经理

空间感
- 空中交通管理员
- 工程建筑经理
- 消防员：城市、森林火灾
- 森林：土地管理
- 军官：导弹系统，坦克、大炮
- 军医：救护车驾驶、直升机飞行员、紧急救护
- 搜救
- 木匠、水管工、水暖工

大师型 ISTP

非空间感
- 会计：法庭、审计、预计、税务
- 商业顾问
- 企业家：实用产品和服务
- 金融规划师
- 法律：并购、证券监管
- 统计学家
- 股票分析师

有形感
- 农业：有机种植，养蜂人，农场管理者
- 动物科学家
- 外交安全：特工
- 生态旅游导游
- 园艺：植物学家、酿酒师、花匠
- IT：个人和电脑问题解

空间感
- 户外拓展活动设计师
- 航天员
- 运动员：高尔夫、棒球、篮球
- 厨师
- 建筑：研究者、庭院设计师
- 牙医：急诊科、法医科

- 税务顾问
- 科技写作
- 风险投资分析师

- 决者
- 运营分析科学家
- 户外训练指导
- 个人服务：理发师、私人厨师
- 药师
- 摄影师：新闻、战地记者
- 土壤科学家

- 驾驶员：坦克、卡车、重型机械
- 地球科学：地理学、火山学、地震学、地形学
- 猎人、渔夫
- 卫兵
- 武术教练
- 机师：常用机械、赛车、摩托车、飞机
- 军事：战斗机飞行员、机枪手、步兵军官
- 护士：重症监护病房、急症室
- 眼科医生
- 特技演员
- 外科医生

常人型 ISTP

非空间感
- 首席金融官 CFO
- 首席信息官 CIO
- 首席运营官 COO
- 公司管理者（各级别）
- 执行秘书
- 金融分析师
- 法律：合同、版权

有形感
- 体育教练
- 毒品管制所
- 保险理赔员
- 特工：中情局
- 执法者：侦探，警官
- 生产运营分析师
- 教师：数理化
- 技师：实验室、电信、IT、广电媒体
- 白领犯罪调查员

空间感
- 牙医助理
- 工程师：各个领域
- 消防员
- 军医：救护车司机、直升机飞行员
- 搜救：国家救援队
- 教师：高中物理、几何
- 木匠、电工、水管工、石匠

大师型 ESTJ

非空间感
- 审计
- 商业顾问：会计、审计
- 商业系统分析
- 企业家：实用产品
- 金融规划师
- 保险经纪
- 国内税务经纪
- 法官：市级法院

有形感
- 电脑程序员：技术团队领队
- 营养师
- 葬礼主管
- 工业工程师
- IT 顾问
- 医药代表
- 科技销售：工程、医药、

空间感
- 厨师
- 电脑安全专家
- 电脑系统分析师
- 保护管理论者
- 地球科学：地理学、水文学
- 技师：电信、有线电视
- 医疗器械销售代表

- 律师：公司、税务、房产
- 股票经纪

重型机械

- 医生：肿瘤学、泌尿学、整形外科
- 质检员：室内空气、安全

常人型 ESTJ

非空间感
- 精算师
- 医院、学校、政府管理者
- 审计师
- 银行经理
- 出纳
- 首席金融官 CFO
- 首席信息官 CIO
- 首席运营官 COO
- 公司管理者
- 执行助理
- 放贷员
- 公募基金交易员
- 销售经理
- 学校校长
- 股票经纪
- 税务经理

有形感
- 商业运营经理：各个行业
- 工程管理
- 活动策划
- 食品行业经理
- 国家安全分析师
- 移民官
- 保险理赔员
- 项目经理
- 办公室主任
- 采购经纪
- 警官
- 房产代理
- 房产管理
- 零售企业经理
- 销售代表
- 旅行社经理

空间感
- 建筑项目管理
- 牙科保健师
- 消防员、军医
- 承包商
- 生产负责人
- 军事：传播、供应
- 专利代理
- 医生助理：整形外科
- 生产运营经理
- 汽车修理厂负责人

大师型 ISTJ

非空间感
- 精算：保健、财产、保险、退休金等等
- 审计师
- 商业顾问
- 金融规划师
- 法庭会计
- 法律：商业、税务、房产、并购
- 公共基金会计
- 统计学家
- 股票分析师
- 税务分析师
- 商业相关的科技写作

有形感
- 电脑程序员
- 保护管理论者
- 国防信息分析师
- 营养师
- 电子工程师
- 企业家：实用产品
- 历史学家：军事、内战
- 工业工程师
- IT：数据库和网络管理
- 运营研究科学家
- 药师
- 科技写作专家：电脑、软件

空间感
- 冒险向导
- 飞行员
- 应用数学家
- 无机化学家
- 电脑安全专家
- 牙医
- 地球科学：地理学、水文学
- 昆虫学
- 绿色建筑专家
- 重型机械操控手
- 历史遗迹复原专家
- 法律：专利、财产、土地使用
- 冶金学家

- 气象专家
- 工程学相关的科技写作
- 木匠、家具制作

常人型 ISTJ

非空间感

- 会计
- 公共卫生、学校、医疗机构或政府的管理者
- 财富500强企业的管理者
- 首席金融官 CFO
- 首席信息官 CIO
- 首席运营官 COO
- 公司经营者（各个级别）
- 金融分析师
- 政府官员
- 法律：公司、商业、破产法
- 图书管理
- 办公室主任
- 律师助理
- 学校负责人

有形感

- 厨师
- 临床研究信息管理员
- 活动和旅行策划
- FBI 调查员
- 国土安全分析人士
- 移民官
- 保险受理员
- 零售、运营管理者
- 财产管理
- 供应链、采购经理
- 质检：食品安全
- 室内空气、安全
- 房产管理
- 安全工程管理：美国外交部
- 安保
- 夏令营负责人
- 教师：数学、体育

空间感

- 体育教练
- 建筑管理
- 消防员，军医
- 材料工程师
- 军事：资源管理分析，飞行器导航
- 专利审核
- 警官
- 生产运营经理
- 废水工程师
- 木匠、电工、石匠、水管工
- 护士：放射科、手术室
- 技工：飞机、汽车、大型设备

第 29 章　职业道路——大方向

世界如此之大，在你选择自己的职业道路时，你首先要确定你找到了正确的方向。也就是说，你的职业符合你的天赋。

对于那些天生具备空间想象力的人来说，他们有天赋去解决复杂的三维立体问题。但是很可惜，他们之中的很多人却成了律师，选择了一个毫无空间感的职业。这些人往往会觉得工作乏味，因为他们把自己的独特天赋束之高阁了。

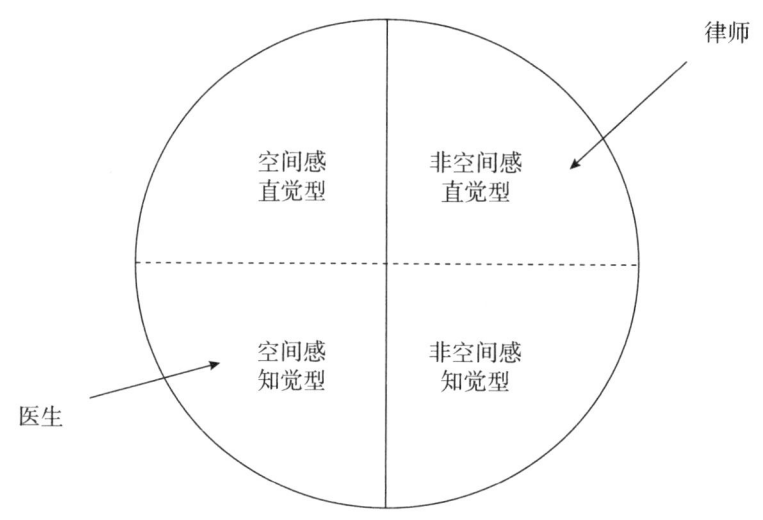

在上面这个图表左侧的工作要求具有空间感或有形感；右边的工作属于非空间感的。表格的横轴区分的两部分是：上半部分是直觉（N），下半部分是知觉（S）。这个图表的四个区域分别代表着一个职业道路的大方向。

在本书前面的章节中，我们已经对这两组天生的特质进行了自测。下面的数轴反映的就是这两类特质，数轴两端分别是两种不同的倾向。回顾你之前测试的结果，看看你倾向于哪一端。这有助于你更准确地选择职业方向。

空间感（立体形体）_____非空间感（思想、概念）
直觉（N）_____知觉（S）

四大职业方向

空间直觉型（N）：
物理学家、基因学者、技术发明家和电影人。

这些职业都要求很高的空间分析和直觉理解能力以及立体的想象力，才有可能想象或发明出空间的可能性，解决实际的、立体的问题。这些能力对于科学发现、技术创新、空间设计以及为物理世界的问题找到创造性解答都至关重要。具有这些能力的人能轻松应对立体空间的问题，适合做时间跨度较长的项目。伟大的发明家和科学家大多属于这一类。

适宜职业

- 物理，地球和生命科学
- 工艺，设计，电影导演
- 科研
- 高科技发明
- 可持续发展和城市设计
- 医学研究

空间知觉型（S）：
外科医生、职业病治疗医师、机械工程师、手工艺人、虚拟实境的设计师。

他们综合应用空间能力和感知力，用以解决实际、具体的空间问题。具有这种能力的人在应用空间能力的领域表现杰出，他们能搭建出可见的、有用的物体和事物。伟大的医生和工程师都属于这个群体。

适宜职业

- 工程和信息科技
- 建筑、贸易和工艺
- 急症医学
- 农林业
- 医学、卫生、护理、物理治疗
- 发型

非空间直觉型（N）：

经济学家、诗人、心理学家、历史学家。

综合应用非空间的能力和直觉理解力产生新的想法、理论和概念来理解并解决复杂的社会问题和状况。具有这种能力的人在创造概念的领域，涉及思想、数据、信息和知识的领域能有杰出表现。伟大的小说家和思想领袖都属于这个群体。

适宜职业

- 社会和人文科学
- 法律，地缘政治、国际政策
- 广告和市场研究
- 新闻和出版业
- 创意写作，表演，记录片制作
- 管理咨询

非空间知觉型（S）：

银行家、商业管理者、股票经纪、幼儿园教师。

他们综合应用非空间分析力和感知力来解决各种机构日常运作中发生的实际问题。他们能很好地应用数据和信息，在上述职业中表现杰出。成功的税务会计师和项目经理都属于这一群体。

适宜职业

- 商业管理，销售
- 社会工作
- 公共关系与传播

- 运营研究,数理统计
- 会计金融
- 精算

更细分的职业方向

回忆你的性格类型(NF, NT, SF, ST)。在下图中,我们给出了8种更具体的职业方向。

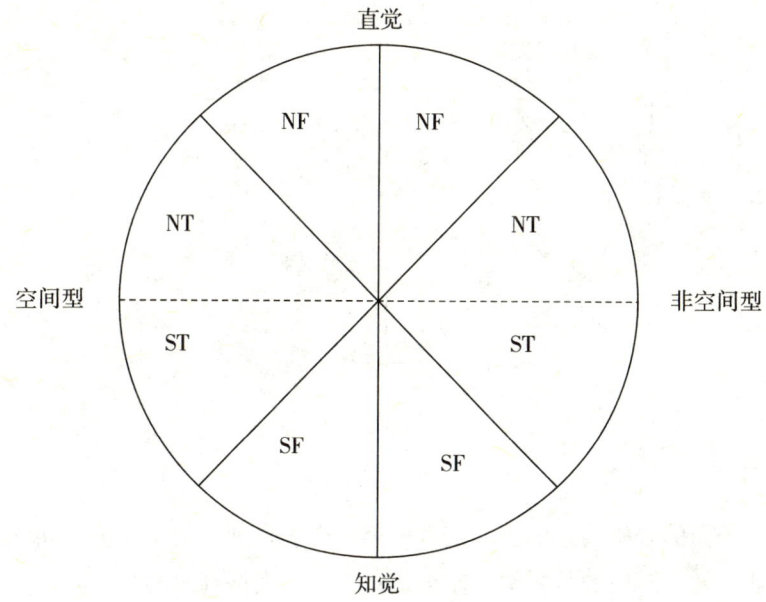

在职业饼图的左半侧是有空间型职业的4个方向,右侧则是非空间型职业的4个方向。

空间型职业方向		非空间型职业方向	
空间 NF	空间 NT	非空间 NF	非空间 NT
空间 SF	空间 ST	非空间 SF	非空间 ST

下图进一步详细解释了各个职业方向。假如你发现自己的情况属于不同的部分，没关系，很多人都是如此。例如，有 SF 个性的人可能处于空间感与非空间感之间，可以被称为有形感，他们或许在两种方向都能找到适合的工作。

职业方向表

下面的表格会给你更多信息。第一个表格列出的是 4 种空间感的职业方向，对应的是饼图的左半边；第二个表格列出的是 4 种非空间感的职业方向，对应的是饼图的右半边。表格的最后是按照行业的大致划分列出的职业选项。通读两个表格能让你了解职业世界是如何根据能力天赋划分开的。

找出对应你的天赋和性格特征，注意灰色的地方，因为这可能是最适合你的职业。

空间型职业道路方向列表

主要职业类型	四种空间型职业方向			
	空间 NF	空间 NT	空间 SF	空间 ST
物理、地球和生命科学	行为科学	物理	植物学	农业学
	生态学	生物	园艺学	林业科学
		化学	海洋科学	土壤/食品科学
		生态学	地图制作	地质学
		地质学		化学
社会和人文科学	社会生物学	灵长学	地理学	犯罪学
	体质人类学	考古学	公共卫生	
	人口学	人类学		
	城市规划	经济地理学		
艺术、娱乐、媒体	表演艺术	记录片制作	印刷艺术	电视/广播技术
	电影制作	游戏设计	摄影	音响/灯光技术
	剧本写作	电影动画	摄像	
	布景设计		表演/舞蹈	
			编舞	
商业、金融	企业家	企业家	技术/管理	技术/管理
运动和感觉敏锐	运动员	运动员	运动/教练	运动/教练
	体育教练	体育教练	有机种植	消防
			执法	执法
			运动心理学	搜救
			时装模特	从军
			舞蹈	特技表演
			葡萄酒师	有机种植
工匠、工艺、设计	新都市研究	工业设计	工匠	手工艺
	园林设计	建筑	时装设计	石匠/贸易
	网站设计	设计艺术	室内设计	
	设计艺术		艺术修复	
			艺术鉴赏	

续表

主要职业类型	四种空间型职业方向			
	空间 NF	空间 NT	空间 SF	空间 ST
工程、技术、贸易	人机互动	新兴技术	个人电脑技师	工程
	人体工程	工程/研发	计算机帮助技术	建筑/贸易
		计算机科学	制造业	信息科技
		人工智能		计算机科学
		机器人		机械学
				飞行员/重型机械操作员
卫生领域	整体医学	医药研究	生殖医学	外科
	预防医学	法医学	皮肤科学	急救
	生殖医学	心脏病学	护理学	视力测定
	认知心理学	神经科学	物理治疗	脚病学
	瑜伽，治疗术	基因学	整体治疗	肠胃病学
			瑜伽	牙医学
			兽医学	整形外科
				泌尿学
				病理学
教育	生命科学	物理学	技术培训	职业培训/贸易
	冒险教育	医学	基础科学	数学
	艺术/表演	工程	整体治疗	工程
	戏剧	建筑/设计	舞蹈	运动
	设计艺术		商业艺术	
	整体医学			
服务/旅游	特种旅游：艺术、建筑	特种旅游：考古	烹饪艺术	烹饪艺术
			糕饼师傅	特种旅游：生态旅游，潜水，单车旅行
			面包师傅	
		小酒店经营		
			特种旅游：马术、园林	

非空间型职业方向

主要职业类型	四种非空间型职业方向			
	非空间 NF	非空间 NT	非空间 SF	非空间 ST
物理、地球和生命科学	科技新闻报道	科技新闻	科技摄影	
社会和人文科学	心理学	经济学	社会工作	统计
	社会学	政治学	家庭法	税务法
	人类学	哲学	调解	商法
	历史	公共政策		公共管理
	文学	法律		
	公共政策			
	外交学			
艺术、娱乐、媒体	创意写作	新闻	广播	
	戏剧/电影表演	政治评论	传播	
	新闻		电视表演	
	音乐		娱乐节目	
	艺术		音乐	
			艺术	
商业、金融	广告	市场研究	管理	会计
	品牌/市场	金融分析	人力资源	精算
	公共关系	策略制定	公共关系	商业管理
	组织发展	投资	市场	运营管理
	管理顾问	独立经营	运营研究	生产管理
				银行
运动和感觉敏锐	冒险教育		品酒师	
			香水师	
			美食评论	
工匠、工艺、设计				
工程、技术、贸易	信息工程	信息学	图书馆学	信息管理系统
				信息学
				科技写作
卫生领域	咨询	精神病学	精神病护理	药学
	职业导师	公共卫生政策	收容所顾问	
	临床心理学	流行病学	社会工作	
				公共卫生教育

241

续表

主要职业类型	四种非空间型职业方向			
	非空间 NF	非空间 NT	非空间 SF	非空间 ST
教育	教育方法	社会科学	儿童看护	数学
	社会科学	人文科学	特殊教育	商业
	人文科学	法律	培训	图书馆学
	艺术	公共政策	图书馆学	
服务/旅游	教育旅游	教育旅游	酒店管理	服务业管理
			餐厅管理	旅行社经营
			美容院/休闲会所管理	
			门房	

汇集你的自测结果：

洛克普特性格类型指标：＿＿＿＿＿＿＿＿＿＿

核心性格类型：＿＿＿＿＿＿＿＿＿＿

气质：＿＿＿＿＿＿＿＿＿＿

总体方向：＿＿＿＿＿＿＿＿＿＿

具体职业方向：＿＿＿＿＿＿＿＿＿＿

图例：N＝直觉，S＝知觉，F＝感觉，T＝思考，E＝外向，I＝内向。

例如：

洛克普特性格类型指标：**INFP**

核心性格类型：**内向型大师**

气质：**直觉感觉型（NF）**

总体方向：**非空间直觉型**

具体职业方向：**非空间直觉感觉型**

第 30 章　主要的资质分类

本章提供的资质分类就是对天赋、能力、性格特质的综合。但目的不是要把你严丝合缝地放进某个盒子，它只是帮你提供一些线索，助你找出适合自己的职业。

常人资质分类 1：商业和管理类的常人

天赋和特质	总体得分
核心个性类型	外向和内向的常人
总体方向	非空间型知觉者*
特定的职业道路	非空间型 ST, SF*
空间—非空间能力	非空间感到有形感
抽象–具体导向	具体
诊断能力	中—低
分析能力	中—高
思维速度	中—低
视觉敏锐	中—高
数字记忆力	中—高

*除非特别说明，星号代表对于这一型的理想得分，可在下面的职业道路中找到更多细节。

你是否认为自己是公司的一部分？你要每天认真完成自己的工作，以确保整体的正常运转？如果你认为生意的成功对你来说是人生的本来意义，那么你很可能就属于商业和管理类型的常人。

商业常人喜欢购买或销售产品及服务，把经济体系看作是所属文化的血液，而各种组织的任务就把不同的人集中在一起，通过合作提供各种产品和服务。

这类人通常会选取下列职业道路：

- **高级经理**。你能看到全景，战略性地思考问题，并产生新的商业点子吗？高级经理通常都是外向型常人，天赋和特质表现为非空间型 NT。那些具有战略眼光和超强自信的经理能很快被认定为是管理天才。
- **中层管理者和团队领导**。你是个喜欢与人合作而不是单干的外向的人吗？所谓商业就是与拥有共同目标的"常人群体"一起合作以满足消费者的需求。中层管理者和团队领导通常都是外向型常人，他们属于非空间型的知觉者。他们喜欢和工作伙伴有同样的观念，想在达成共识的基础上做决定，领导众人坚持共同的价值观。
- **分析师和行政管理者**。孤独地面对电子数据表格对你来说有意思么？如果是的话，商业活动中的会计、金融、行政管理和运营管理应该是你游刃有余的领域。你每天的工作是处理信息和数据，并据此做出决策。会计、金融分析师和行政管理者通常都是内向型的常人，思维类型是非空间型 ST。
- **说服者**。如果你很务实，而且能敏锐地感觉到他人的需求，你应该很适合常人非空间型 SF 职业道路。虽然商业与数字工作密不可分，但是要知道它同样是由人组成的机构。外向型常人，非空间型 SF 就是天生的领导者、顾客关系专家、销售人员、客户经理。
- **企业家**。也许你是那种向往更具创造性、更梦幻的商业领域的"常人"。如果你正好具有较高的诊断能力，很强的直觉，思如潮涌，你就具备了独立创业的能力，具备了产品创新与发明的能力。像 Amazon 和 Google 这样的公司就很适合你，因为它们欣赏你改变现状的能力。

注意事项和基本原则

- **稳定的思维**。绝大多数公司需要的都是思维稳定的人，而不是具有创新精神的人。你能适合大型的、层级分明的工作环境，较慢的工作节奏吗？那些思维较慢，但是有很强分析能力的常人型的非空间 ST，通常比较适合日复一日、按部就班的分析工作。他们不会感到厌烦，因为，具有这种思维的人通常对创造性和自主性的要求比较低，最适合的就是维持现状、不必时常调整方向的工作。
- **诊断性问题解决者要当心**。如果你具有很强的诊断能力，要注意在一个大型公司工作也许并不适合你。除非碰到燃眉之急的问题，你会觉得自己的脑子就像一锅浆糊。诊断能力的另一面就是无止境的好奇心和改变的冲动（也许并不必要），这正是导致许多大机构的管理者和分析家们对工作感到不满的原因。
- **大师型人请注意**。你是个正考虑进入商界的大师型人物么？你也许会发现自己很难适应一个典型的商业环境。你天性中对于自主性的高度要求可能会给你带来麻烦。这类人有时会被他人认为是"持不同意见者"并遭遇一些不友好待遇。但是，中等程度的大师也能在企业中找到一个位置，类似于技术专家或信息技术总监这样的职位，通过自己的技能获得常人们的尊重，同时也使他们自己感觉很独特。

商业和管理类常人的职业道路

高级经理
- **NT**：有远见的领导者（总裁、金融总监、董事会成员）。
- **ST**：有操作能力的领导者（首席运营官、首席信息官）。

中层管理者和团队领袖
外交官式的性格：整体管理、信息管理、存货管理、人力资源管理、团队领导。
- **ST/SF**：分支、部门管理。
- **NT/NF**：大区、区域经理。

说服者
- **SF/ST**：销售、销售管理、采购、培训。
- **NF/NT**：演员经纪、作家经纪。

分析师和行政管理
- **ST/SF**：办公室管理、项目管理、会计、金融分析、质量控制、数据管理、书记。

企业家
- **NF**：冒险教育、教育产品、个人成长服务、艺术、健康。

- **NT**：金融和投资服务、技术类产品与服务、商业地产。
- **SF**：私人护理、宠物护理、幼儿护理、老年护理、健身服务、沙龙、小酒店经营、服装零售、旅游业、餐饮业。
- **ST**：自我服务设施（加油站、洗车）、便利店、电子产品零售、汽车、房产、家居产品，户外运动装备、加盟经营、快餐店等。

自我评估

这一类的描述符合你的情况么？

____ 完全一模一样

____ 大部分符合

____ 一部分符合

____ 根本不是这样

常人资质分类 2：创意和艺术类常人

天赋和特质	总体得分
核心个性类型	外向和内向的常人
总体方向	非空间型直觉者*
特定的职业道路	非空间型 NF，NT*
空间—非空间能力	视情况而定
抽象–具体导向	视情况而定
诊断能力	中–高
分析能力	中–高
思维速度	中–高
视觉敏锐	中–高
数字记忆力	中–高

*除非特别说明，星号代表对于这一型的理想得分，可在下面的职业道路中找到更多细节。

如果你的天赋是产生新的想法和可能性，创造新模式，探索未知，理解人类行为的动力，提供具有艺术性的产品和服务，你应该就属于创意和艺术型常人。广告、市场、公共关系和商业艺术都属于商业世界的另一面，具有创意的那一面。流行文化的艺术家、记者和创造商业产品的设计师都属于这个领域。

和功能相比，你是不是对形式更感兴趣，而与此同时，你也喜欢做些有用的东西？虽然商业世界在很大程度上是由具有实际思维的人统治的，但是他们并不是商业领域的全部；他们需要有创意有想象力的人带来新的想法、新的可能性。对于那些想要说服、影响并激励他人的人来说，这正是属于他们的领域。

他们通常会选择下列职业道路：

- **影响者**。如果你能准确预想出陌生人需要什么，并且能说服他们购买你的产品，那么你就是天生的市场大师。具备较高诊断能力、思维敏捷的非空间型 NF 常人就具有这种做生意的心理素质。市场营销、传播、公共关系和广告宣传活动策划等工作都很适合于他们。如果你是非空间型 NT 常人，你可能会在商业领域的定量工作中表现杰出，例如市场分析和制定策略等应用诊断与分析能力的职位。如果你是诊断型 NF 常人，你可能是个天生的实用社会学家。

- **商业艺术家**。你有没有发现自己在闲暇之余想设计一个很酷的 Logo 或摇滚 CD 的封面呢？如果是的话，你所属的群体应该是由广告创意者、制版艺术家、网站设计者组成的，他们的共同点是把他们的风格感和敏锐的感知力应用到广告的视觉层面。如果你是个思维敏捷的属于空间型 NF 的常人，你可能很擅长用一个 logo 就能传达某公司的愿景，用一句简短的广告语就表达诸多含义。如果你是个思维速度相对较慢的空间型 SF 常人，你的长项也许是设计吸引人的封面。

- **流行文化艺术家**。你有创造流行文化的天赋么？如果你是思维敏捷的 SF 常人，你的作品风格应该是简单的，感官的，性感的；如果你梦想着演唱感伤的歌曲或在情景喜剧中表演，那么所有的信息都流于表面，实际而美丽的环境应该是属于你的世界。

- **空间设计师**。对于形式和功能的结合，你有着过人的眼光么？如果你乐于为人们设计事物，如房屋，衣服，厨房，浴室，家居等，这些领域都是适合发挥你天赋的地方。思维敏捷的内向的空间型 SF 常人在设计领域有举足轻重的地位，无论是时装还是室内设计，SF 常人们有本事让生活因颜色因功能因美丽而变得闪闪发光。

注意事项和基本原则

- **超级有创意**？如果是的话，请当心传统的商业角色和环境。总的来说，具有极强创意和艺术感的人会很抗拒需大量处理数据从而改善业绩的工作，他们把这种实际的工作或任务视做苦工。你很难发现一个人既能天马行空，又能脚踏实地。通常，一旦发觉自己要面对商业世界中关于财务方面的工作，具有创意和艺术气质的人就会想方设法逃离。
- **大师型创意人才**？如果你属于大师型，而且想在商业艺术与设计领域找份工作，那你要当心了。思想越是独立的大师型 SF 和 NF 设计师越是容易对常人型的主流设计职业感到伤心和厌倦。他们的个人眼光和信念都与杰出艺术家的气质相符合，他们不愿意向消费者的需求低头。建筑，通常被误认为是大师型的职业，其实是空间型常人们的领域。只有极少数的大师，例如福兰克·洛依德·怀特（Frank Lloyd Wright，20 世纪美国建筑领域的主要人物）才能完全决定自己的设计方向。大师型艺术家只忠于自己的艺术表达，他们的作品很难在讨价还价的商业世界中销售出去。

创意和艺术常人的职业道路

影响者

- **NF，NT**（诊断能力过人）：市场、策略制定、广告、公关、传播与媒介策划、新闻、政治形象顾问、脱口秀主持、出版、演员经纪和广告公司、职业服务公司、商业顾问、竞选活动顾问。
- **SF，ST**（具有可见或空间分析能力，较高的诊断能力）：企业家、家用或办公室产品零售、娱乐产品、户外休闲、运动、健康和美体俱乐部、特殊食品与饮料、提供全方位服务的餐厅、儿童保育和教育发展产品。

商业艺术家

- **NF，SF**（中等程度的诊断能力，可见或空间分析能力）：网站设计、版面设计、广告艺术、产品工作室（如电视广告、广播、音乐录像带、动画、电视导购节目)、摄影。

流行文化艺术家

- **NF，SF**（诊断能力较弱）：戏剧、情景剧表演与创作，歌手，音乐家。

空间设计师

- **SF，ST**（可见或空间分析能力）：糕点制作、发型设计、化妆、时装设计、室内设计、珠宝设计、橱窗设计、景观设计、厨房和卫浴设计、室内装饰。

- **NF，NT**（空间推理能力很强）：建筑、景观设计、工业设计、展览设计、室内设计/风水、城市设计与规划、公园与休闲场所设计、历史遗迹保护、人体工学设计。

自我评估

这一类的描述符合你的情况么？

___完全一模一样

___大部分符合

___一部分符合

___根本不是这样

常人资质分类3：工艺技术类常人

天赋和特质	总体得分
核心人格类型	内向和外向的常人
总体方向	有空间感的知觉者*
特定的职业道路	空间 ST 和 SF*
空间—非空间能力	有形感—空间感
抽象—具体导向	具体
诊断能力	视情况而定
分析能力	中—高
思维的速度	低—中
视觉敏锐	中—高

*除非特别说明，星号代表对于这一型的理想得分，可在下面的职业道路中找到更多细节。

你是否认为自己具有某种天赋，能组装事物，并清楚知道它们是如何运转的？例如，你可以轻松地为电脑程序安装补丁或者为汽车安装音响？如果你具有良好的空间推理能力和较高的分析能力，你就是一个擅长工艺技术的常人。在现代的工作领域里，每家公司都需要同时雇用有商业头脑的和科学技术的人才。

技术型常人通常会选择下列职业道路：

- **工程师、家庭医生和技术人员**。如果你平时总喜欢做一些修理工作或制作东西，你就有可能是一个擅长工艺技术的常人。许多的医生、工程师和技术人员都具有很好的三维空间思维以及动手能力。你会惊讶地发现医生和工程师都同样具有一种关键的、必备的能力，正确地分析结构、组织、检修系统并找出问题所在的天赋。在医学和技术领域中出现的很多问题都是紧急的，有形的问题；解决现实生活中的问题正是空间型常人 SF 和 ST 的动力所在。例如，一个急诊室的外科医生要在短时间内做出诊断并很快看到结果，网络工程师要修复一个通信工程系统也是一样的工作情况。

- **技术型的外向人才**。如果你恰好具有空间分析能力和外向的个性，你可能会担心因为整天面对电脑而脱离群体生活。幸运地是，这里有个办法能解决这个问题。乍看来，似乎解决空间问题应该是平静、内向的空间型人所擅长的，但实际上，有的地方也需要外向的个性。例如，很多医生除了研究疾病，还有一项重要工作就是与病人交流。病人通过面对面的交流告诉医生自己身体的不适，如果你属于外向型的人，你通常能发现你担当项目管理和技术团队中的领导角色，在技术领域里，你会扮演顾问、管理人、客户经理的角色。

- **专职医疗技术人员和医疗者**。如果你有一部分技术特质，同时又热情，乐于与人交往，你可能属于外向的空间型常人 SF。医疗者应该拥有良好的诊断能力，能认清颇具欺骗性的症状，判断身体所受的伤害。如果你是个保守、内向的人，属于空间型常人 SF，在这样的领域也是适合的，在这里你工作的对象更多的是技术而不是病人。

注意事项和基本原则

- **所见是森林还是树木？** 如果你具有空间想象力，你大概喜欢和团队一起从事系统化的建筑工程和项目设计的工作，思考如何将分散的工作整合成一个系统——你所看的是整个森林。但是，并非所有的空间型常人都需要在工作中亲力亲为，有许多人可能从来没有直接制造或检修过任何实际的产品。对于内向的空间型常人 NF 和 NT，尤其如此。如果你是一个空间型直觉者，更多的空间工作是在你的想象中进行的。

- **我应该爬上通向领导层的台阶吗？** 如果你已经是一名专业的技术人员，拥有一份很不错的工作，你该接受邀请成为一名管理者吗？小心，领导岗位使你获得虚荣感，但你可能会感觉你像一只上岸的鸭子。商业管理者的问题是属于理念上的，而不是空间上；对财务收支平衡表上数据进行分析不需要空间思维能力。如果你是内向的空间型人，在攀登通向管理层的阶梯时，你大概会感觉相当痛苦并承受许多压力。你无法在日常工作中发挥自己的特长，面临最多的反而是你最不擅长的。管理者要把太多的时间花费在会议上，许多内向型人为此筋疲力尽。这种生活方式压力太大，金钱和名誉也不能弥补你所付出的代价。

- **避免错误的职业危机：** 如果你是个空间型常人，工作顺利的秘诀是更多关注于有形的技术。最好的方法当然是成为技术人才、领导技术团队、在你擅长领域为他人提供指导。担当技术导师将很自然地给你带来职业成就感。但是，如果你的梦想是成为一名管理者，那你最好能找个折中的方法，至少要卷起袖子，在技术部门晃悠，在那里你能和思维相近的人进行交流。与此同时，外向的空间型常人成为小型高科技公司首要负责人的现象并不罕见。在一家小型的公司，有可能出现既搞经营又搞技术身兼数职的情况。

- **太内向的人能成为医生吗？** 如果你是个很内向的人又想成为一名医生，就必须寻找一个较少与病人直接对话的专业领域，比如放射线学、麻醉学、病理学或是外科手术。

技术型常人的职业道路

工程师

- **ST**：IT 和网络工程的管理部门、数据库管理部门、质检部门、工业工程项目、市政工程项目、环境工程项目、矿业工程项目、汽车工程项目、医药工程项目、建筑工程项目。
- **NT**：软件开发与设计、新技术研究与开发、电脑硬件架构、信息工程架构、系统工程设计项目（通信行业，电力行业）。

家庭医生（空间型，外向）

- **SF，NF**：家庭医学、预防医学、内科医生、妇产科医生、儿科医生。
- **ST，SF**：私人牙医、整形师、保健师、护理师、助产师。

信息技术（有形到空间分析能力）

- **ST，NT**：电脑程序、计算机语言程序、数据库设计、数据库分析、生物信息、统计分析、数据库系统架构、业务流程再造。
- **NF，NT**：组织型学习、知识管理、全员质量管理、信息架构。

外向型技术人才

- **ST，NT**：建筑工程管理、工程项目管理、护士管理、信息技术管理、军官、销售工程师、医药代表、商务代表、医疗设备代表。

专业医疗技术

- **SF，ST**：麻醉师、听力学家、血库技师、心血管医生、牙科保健师、放射科技师、外科助手、医疗设备操作师、配镜师、药剂师。

专业康复医疗师

- **SF，ST**：艺术疗法、音乐疗法、舞蹈疗法、遗传病史、物理疗法、按摩、人体运动学、专业疗法、娱乐疗法、护理法、气息法、语言矫治、运动生物学、健身训练。

技术人员（较内向者）

- **ST**：技术制图、勘探、电脑网络架构、广播电视技术、空中交通管制、电脑光碟制作师、音响师、电工师、医药化验员、药剂师、牙医、军队技术人员。

自我评估

这一类的描述符合你的情况么？

____ 完全一模一样

____ 大部分符合

____ 一部分符合

____ 根本不是这样

常人资质分类4：适合教育、社会服务以及客户服务的常人

天赋和特质	总体得分
核心人格类型	内向和外向的常人
总体方向	非空间型的知觉者*
特定的职业道路	非空间 SF*
空间—非空间能力	非空间
诊断能力	视情况而定
分析能力	中
思维的速度	低—高

*除非特别说明，星号代表对于这一型的理想得分，可在下面的职业道路中找到更多细节。

如果你很敏感，同情心很强，而且一天中的大部分时间都乐于与人相处，你就有可能属于具有非空间思维的外向型常人 SF。这类职业范畴的共同特点是从心理层面去教育、劝告、安慰他人，主要是脑力劳动而不是体力劳动。

你是否有强烈的愿望要用非常实用、直接的方法去帮助他人呢？教育、社会服务以及服务行业都会吸引这种天生具备服务意识和良好合作能力的人才。

教育、社会服务、服务行业的常人们通常会选择从事以下几类职业：

- **幼儿教师**：如果你把自己放到学生的位置上，与他们平等交流，你就具备了成为一名优秀教师的关键素质。幼儿教师是典型的外向型非空间思维常人 SF 的职业。无论是什么阶段的教师，其每天的工作重心和大部分时间都会放在教室里，很少会有中途停工的现象。我们建议那些相当外向的人选择这个职业，性格内向的人从事这项工作很快会对这份工作失去热情。为什么在幼教职业领域中外向型性格如此重要？因为，许多老师都知道，他们工作的一半内容都是课堂管理——维持课堂秩序、训练学生等等。

- **实践顾问**：许多快乐的社会服务顾问都属于外向型非空间思维的人 SF。你很亲切吗？能了解人们的需要，愿意去帮助他们吗？如果你是总是急于看到成果，乐于去帮助别人解决急切的问题或困难，那么社会服务行业将会十分适合你。对于这个类别的人来说，无论男性和女性都会有一种天生的"母性"情愫，在他们还年幼时就会表现出这种天生热情的性格。

- **服务行业和客户服务**：如果你具备天生的主人翁意识并乐于善待他人，服务行业的工作是十分适合你的。这个行业会吸引非空间型常人 SF，并且无论是内向的还是外向的人都可以胜任。你的职责通常就是照顾在旅行中或度假中的客人，向他们提供住宿、接待，提供舒适的服务。很多的旅行社员工、酒店经理、服务员、餐厅经理、度假中心职员和演艺人员都属于非空间思维常人类型。如果你属于这类人群（非空间常人 ST），服务性行业将会发挥你所长。

注意事项和基本原则

- **紧急问题解决者**：有时候，根本问题并不突出或是你需要快速做出反应，这要求你具备较强的诊断能力和敏捷的思维。例如，如果你是学校的心理顾问，在给一个激动不已的问题学生做心理辅导时，你就必须快速反应。社工和顾问在为客户服务时也需要能迅速从混乱的情况中找出关键问题。

- **学术渊博的人适合教小孩子吗**？如果你只是精通一门学科，对小孩子们缺乏耐心，那你在选择高中教师的职业时要当心。把一个大师型的教授放到高中教书，结果是悲剧性的，只会招致学生们的嘲弄奚落和同事们的冷遇，因为他们太过学术化，还不会与学生相处。

- **为报酬担心？** 如果你的自身素质非常适合从事教师、社会服务和服务性职业，那你就不可能收入太多。幸好进入这类行业的人大多不是为了挣钱。服务他人就是他们的激情源泉。
- **作为社会服务人员太过理想化吗？** 在洛克普特学院，我们经常遇到不开心的社会工作者，结果他们的性格类型被测出来是内向型大师 NF。虽然他们的理想、他们学术风格都有助于从事社会服务的职业，但他们的想象力、学术研究的时间和享受孤独的状态对这类工作毫无帮助，在这个领域中需要的是解决实质问题的能力，是立即应用的战略技巧。关于非空间思维大师 NF 要了解更多，请参看社会和人文科学大师的类型。

教育、社会服务、服务行业常人的职业道路

幼儿教师

- **SF，ST**：幼儿园、小学、中学；读、写、数学、自然、地理、历史。
- **NF，NT**：高中和高等课程；历史、社会科学、生物、微积分、物理、化学。

特殊行业教师（高诊断力和/或分析能力）

- **SF，NF**：特殊行业教师、早期儿童教育、艺术和音乐教育、语言教育、心理教育、心理辅导、集中运动疗法。

实践顾问

- **SF**：预防少年犯罪辅导（预防药物滥用、父母教育、家庭建议、青年辅导）、缓刑犯监督官、义工、职业辅导、学校社工、导游辅导、军队社工、客户咨询、亲情辅导、热线服务、儿童福利（收养、寄养、处理虐待儿童问题）、儿童看护、家庭护理、伤残人士服务、家庭顾问、流浪人员服务、难民和移民服务、高考辅导。

服务和客服人员

- **SF**：酒店经理、度假村和餐厅经理、旅行代理商、旅行社、导游、前台服务员、旅馆经营者、服务员、酒保、荐酒师、

接待员、侍者、门童、浴室服务员、管家、私人侍者、客户服务。

自我评估

这一类的描述符合你的情况么？

____ 完全一模一样

____ 大部分符合

____ 一部分符合

____ 根本不是这样

常人资质分类5：公共服务类常人

天赋和特质	总体得分
核心个性类型	外向和内向的常人
总体方向	可见型，知觉与直觉混合*
特定的职业道路	非空间型 SF，NF，*，NT，ST
空间—非空间能力	可见的，视情况而定
诊断能力	视情况而定
分析能力	中—高
思维速度	中—低
视觉敏锐	中—高
联想记忆	视情况而定

*除非特别说明，星号代表对于这一型的理想得分，可在下面的职业道路中找到更多细节。

你是否曾梦想使你所在的地方甚至市政府的工作更有效率？也许你天生就该在政府部门工作。这类人和商业与管理型常人非常类似，只不过他们是在公共领域服务而已。

公共管理和市政管理是各级政府部门日常工作的主要内容。和商业领域的项目管理很类似，政府管理同样需要很强的解决实际问题的能力，对于非空间型的 SF 和 NF 常人（无论是内向的还是外向的），这都是适合的领域。

对于擅长公共服务和商业领域的常人来说，他们之间的差异不在于能力天赋而在于个人的价值观。但是，你可能会在公共服务领域发现更多的感觉者，这些人因为能够通过适合的方式服务大众需求而感到自在。

- **常人型政治家**。想成为市长或城市的管理者吗？如果你是外向型常人，且具有稳健的视野，嘘寒问暖的外交工作对你来说也许就如同呼吸一样简单自然。要胜任你的工作，要在选举中获胜，都要求你认识很多人。城市管理者、地方议会成员、校长、机构负责人、部门主管、项目负责人，他们的工作都需要建立共识，应用外交手腕，订立协议，建立关系，走入人群与自己所代表的群体进行接触。
- **公共管理者**。公共领域的主要工作就是行政，需要做大量的具体数据处理工作。如果你喜欢按规则玩游戏，并且乐于执行规则，你应该天生就适应于上述环境。要注重细节并且坚持政策与法律就需要一种天生的忠诚感，一种服务于公共利益的责任感——具有稳定、传统思维的常人 SF 和 ST 都很适应公共服务领域。

注意事项和基本原则

- **你能看到事物的不同方面么**？对于绝大多数领导职位来说，看到情况各个方面的能力是解决问题并完成任务的核心所在。如果你能同时注意到细节和全局，能客观衡量各个决策之间的利弊得失，你就很有可能说服他人，证明自己是有能力完成相关任务的。
- **你的记忆力怎么样**？政治家和各种管理者都很善于记忆人名和他们的面孔，这是其工作的一部分。高度的联想记忆和图像记忆对希望在公共服务领域觅得一官半职的人来说是至关重要的。
- **你擅长书面工作吗**？如果你能注意到所有的细枝末节，你应该能适应这类工作。大量的日常书面工作要求很高的视觉敏锐度和很强的数字记忆力，只有具备这些能力才能很快并且准确地处理堆积如山的申请和表格。记忆力强也是优势之一，因为政府部门的日常工作总是涉及大量的数据。灵巧的双手也会有所帮助，至少能帮助你快速准确地完成打字的工作。

公共服务常人的职业道路

常人政治家

- SF，ST：地方政治家，如市长、城市议会成员、校董事会成员。
- NF，NT：州一级的政治家，如州长、副州长、州立法者。

公共事务主任

- ST：政府的首席运营官员、基金会的资深政策顾问。
- NF，NT：省市各级部门负责人、非营利性组织负责人、公立研究机构总监、大学校长、分支机构主任、地区发展负责人、巡回法庭法官。

公共管理者

- ST，NT：城市管理、学校管理、公立大学高层管理、社区发展管理、资金管理、研究项目管理、交通管理、固体废弃物管理、公园与娱乐设施管理。
- SF，NF：图书馆协调员、传媒协调员、社区教育主任、基金会关系协调、培训经理、社区组织者。

公共规划师

- NF，NT：城市规划、社区规划、社区活动、公园规划。

公共分析师（内向常人）

- ST，NT：政策分析师、金融分析师、研究助手、银行审查员、预算分析师、质量保证分析师、国际贸易分析师。

公共职员（内向常人）

- ST，SF：巡回法庭助理法官、副警长、法警、邮政职员、邮差、档案管理、书记员、秘书。

自我评估

这一类的描述符合你的情况么？

____完全一模一样

____大部分符合

____一部分符合

____根本不是这样

大师型资质分类 1：物理及生命科学大师和技术创新者

天赋和特质	总体得分
核心个性类型	外向和内向的大师
总体方向	空间型直觉者
特定的职业道路	空间型 NT*
空间—非空间能力	有形感—空间感
诊断能力	高
分析能力	中—高
思维速度	高—中—低（视情况而定）
视觉敏锐	中—高
数字记忆力	中—高
联想记忆	中—高
图形记忆	中—高
动手速度和精确性	高
数学能力	高—非常高

*除非特别说明，星号代表对于这一型的理想得分，可在下面的职业道路中找到更多细节。

你是个科学强人吗？如果你喜欢应用自己的三维直觉和极强的解决问题能力，为复杂的空间问题寻求新的解答，那么恭喜你，你可能具有物理或生命科学方面的过人天赋。你可能会构思某些小发明和小装置，甚至在业余时间亲手制造一些。

如果你认为自己有点书生气，甚至像个书呆子，总是对物理或生物方面的书籍爱不释手，你可能就是个内向的空间型 NT 大师，具有较强的解决问题的能力。大师们很小的时候就知道自己和周围的孩子不同，幸运的是，他们并不想要合群。如果你也是这样的人，你很可能就更适合成为一个孤独的专业人士，而不是常人型的团队一员。

你会幻想成为一个大学教授或科研人员么？也许你认为自己应该创立某种新理论以解释这神秘的宇宙或揭秘地球上生命的起源。如果是的话，这可能正是你擅长的领域。同样属于大师型的还有另一类人，他们更注重科技的实用性，他们可能是技术的发明者，是研发工程师，是专科医生，是科技顾问或高科技公司的经营者。

空间型 NT 和 NF 大师（无论内向或外向）经常会选择下列的职业道路：

- **物理和生物领域的学术研究**。你是否拥有成为一个学者的特质？要成为杰出的空间直觉型大师，你必须具备高度的独立性、逻辑严谨的思维以及解决复杂空间物体的热情，哪怕这些问题要耗尽你的一生。如果你认为学术研究只是通向自主安排时间的捷径，是躺在自己的博士学位上睡大觉的舒适状态，那你就错了。你需要的是数十年的坚持，忍受清贫，更重要的是在当今竞争日趋激烈的学术领域，要取得成功还要依靠跳出窠臼的视野和寻求新解答的超强诊断能力。像牛顿和爱因斯坦这样的科学家就是此类人物的杰出代表。

- **应用生命科学**。如果你对生物学很有兴趣，而且认为自己不太适应象牙塔里的教授们的抽象工作，你也许该寻找另一个方向。并不是所有的空间型大师都适合抽象的理论研究，有些人更喜欢将科学知识应用于现实生活中，去解决实际的问题。例如，专业精深的专科医生就属于这个类型，像神经外科医生和肿瘤科医生。思维更倾向于具体问题的空间型大师 ST 和 SF，他们就乐于解决具体的空间问题，因此他们有的成为了专业的牙医，有的是脊椎指压治疗者，有的则成为了兽医。

- **应用物理科学**。你善于想出新点子、新方法以改进家用设备、汽车或电脑吗？如果是的，你也许属于专业工程师或科技人员的行列。他们工作的地点是现实生活中的实验室，他们研究的领域包括纳米技术、生物医药工程、机器人学和人工智能。这类型人很喜欢类似高科技公司研发部门和政府实验室一类的工作环境。

- **科技公司和咨询公司**。你是否发觉自己有点与众不同，对科学和商业同样有兴趣？空间型大师的另一条职业道路就是开始经营自己的高科技公司。他们思维极为敏捷，拥有很强的直觉和诊断能力，他们不太喜欢传统的学术研究环境，更愿意把自己的创新想法化为高科技的产品投放市场。在科技发明的背后，有许多研发工程师都是自愿放弃成为学术专家的人。

注意事项和基本原则

- **你是否被误解了**？具有科学思维的大师们常常需要多年了解自己到底为什么与众不同。有些特别内向的大师型人物宁可读一本书也不愿踢场足球。果真如此，你很可能被误解了。假如你具有某种独立的倾向，它不会随着岁月的流逝而消失，反而会因年纪的增长而加强。多数科学型大师其实都是非常热情的，尤其是 NF 和 NT 性格的人，他们似乎永不满足，直到自己找到一个感兴趣的领域，并决意用一生的时间成为这方面的专家。

- **要成为一个博士，你的思维足够抽象吗**？如果你自测为空间型 SF 或 ST，在决定要成为一个博士之前，请慎重考虑。一旦你的学历超过了硕士，你的工作将变得更加抽象，很少也很难得到具体结果。博士学位是进入科研领域的通行证。学历过高可能会阻碍你寻找一份实际的工作，而这样的工作也许更适合于你。许多因为想换工作而寻求建议的学者都是知觉型大师，他们厌倦了长期的理论研究。

物理及生命科学大师和技术创新者的职业道路

物理科学研究（以抽象为导向的）

- **NT**：天文学、化学、地质学、地球物理学、土壤科学、水文学、海洋学、火山学、岩石学、矿物学、大气学、气象学、气候学、系统论、控制学、制图学、地形学。

物理科学应用（抽象与具体导向的混合体）

- **NT，NF**（有形的或空间推理能力）：应用物理学、音响学、流体动力学、纤维光学、激光物理、空间探索和空间飞行、天体动力学、纳米技术、核工程学、量子电子学、半导体、超导、汽车动力学、材料科学、替代能源、天气预报、全球变暖、气象模型、可再生能源、水力发电、灌溉、农业生产、经济地质学、城市排水、洪涝干旱预防、供水、绿色建筑、

FBI 分析（法医学研究与科技装备）。

生命科学研究（抽象与具体导向的混合体）

- **NT，NF**：生物学、分子生物学、细胞生物学、发展生物学、基因学、解剖学、神经学、免疫学、动物学、海洋生物学、植物学、生物多样性、行为生态学、古生物学、灵长类动物学、社会生物学、生物地理学。

应用生命科学（高度外向，以具体问题为导向）

- **NF，NT**：替代性治疗、综合治疗、神经病学、预防性医疗、整体医疗、自然疗法、冥想和瑜伽、针灸、医学研究、生物医学研究、生物医药工程、生物信息学、人类基因组、流行病学、公共卫生。
- **ST，NT**：传统医药、皮肤医学、麻醉学、急救医疗、病理学、放射线学、泌尿学、临床药理学。
- **SF，ST**：兽医学、牙医学、急救医学、整形外科、儿科、临终关怀、运动医学、按摩疗法、美容牙科、儿童齿科学。

科技公司和顾问（高度外向，抽象与具体导向的混合体）

- **NT，NF，ST**＊（有形的或空间推理能力）：农业科技、家用科技、软件科技、数码电子科技、生物科技、计算机工程学、电脑游戏设计、绿色建筑、可持续发展、新城市研究、可再生能源、替代性燃料、替代性交通、军事武器、机器人学、人工智能、神经机械学。

＊具备较强诊断能力且思维敏捷的 ST 也很适应这类工作，通常他们担当的职责是负责新产品或服务的实用性。

自我评估

这一类的描述符合你的情况么？

＿＿＿完全一模一样

＿＿＿大部分符合

＿＿＿一部分符合

＿＿＿根本不是这样

大师型资质分类 2：社会和人文科学大师

天赋和特质	总体得分
核心个性类型	外向和内向的大师
总体方向	非空间型直觉者
特定的职业道路	非空间型 NT，NF*
空间—非空间能力	非空间感—有形感
诊断能力	高
分析能力	中—高
思维速度	视情况而定
视觉敏锐	视情况而定
联想记忆	中—高
人际交流智慧	高
自我交流智慧	高
语言能力	高

*除非特别说明，星号代表对于这一型的理想得分，可在下面的职业道路中找到更多细节。

你会对人们的动机特别感兴趣吗？如果你发现自己总是在安静地观察别人，了解他们行为背后的动机，你很可能就是行为大师。这类型人总是对人类的行为动机非常好奇。他们乐于研究人和文化，了解他们为什么这样做。如果你很喜欢阅读自助类书籍，诗歌、历史或传记，你可能就属于非空间型 NF、NT 大师。

社会和人文科学大师通常具有很强的直觉或人际关系智慧，他们有能力了解别人的思想。具备这些能力，个性又比较内向的人乐于花费很多时间沉浸于自己的思维和白日梦中，能从逆境中看到积极的方面。如果你也具有上述特质，那么社会和人文科学应该是适合你的领域。

非空间型 NF 和 NT 大师（无论内向或外向）通常都会选择下列职业道路之一：

- **社会科学研究**。你是否具有科学思维能力？但是和物质世界相比，你对社会概念更感兴趣？和物理学家研究客观世界和自然现象不同，非空间型大师中的社会学家和经济学家喜欢研究人类行为。虽然他们和物理学家一样也应用直觉和诊断能力，但是他们的兴趣在于人类行为。

- **人类学专家**。你喜欢探寻表面现象背后的思想和感情吗？这是非空间型 NF 大师们最喜欢做的事情。这些行为大师也应用解决问题的能力和诊断能力，了解他人的内心世界，这是他们的一种天赋，很难后天学得。

- **社会和人文科学的应用**。你是否对人、对文化行为特别感兴趣？是否想了解现实生活中各种问题的解决之道？并不是所有这类人都会专注于抽象的理论研究，有些非空间型大师的视野会比较具体，喜欢在更实际的问题上应用自己的想法。例如，政治学的应用是法律，律师应用社会科学的方式就如同医生应用生物学知识一样。对于人文科学同样如此，应用音乐学可以成为音乐教师，应用语言学可以成为外语教师。

- **应用数学**。也许你的思维比较概念化，你可能对数学比对人更感兴趣。数学大师们也属于非空间型解决问题专家的队伍，他们有时候会与社会学家、经济学家或心理学家并肩合作。统计学就是需要处理大量数据，同时又是应用于社会科学研究的学科之一。高级数学被用于支持其他科学研究，如生物信息学、流行病学和运筹理论。这类大师多半是介于非空间型和可见型之间的 NT 和 ST。

- **概念经营和顾问**。很多非空间型 NF 和 NT 大师绕过了学术研究领域，成为了独立经营的企业家或顾问。例如，市场研究者应用的是社会学，公共政策顾问应用的是政治学。精神治疗医师、管理顾问和职业导师都属于此类，他们应用社会学和心理学知识帮助个人和组织重新发现自己。此外，还有一些独立学者也属于此类，他们游离于传统学术圈之外，创立新的社会学理论，著书立说改变传统的社会范式。

注意事项和基本原则

- **对于高中学生的老师和家长来说**——你能为具有科学思维的 NF 和 NT 大师们准确导航吗？对于一个准备选择大学专业的高三学生来说，人文科学常常是隐形的。很少有高中生能认识到自己在社会科学领域（如心理学、社会学、经济学和政治学）的天赋。

假如你要鼓励聪明、年轻的大师型学生追求"科学"，这个词汇通常被认为是物理、化学等自然科学，请三思。在科学领域的一面的是有形的物质世界，而另一面是关于人、社会和文化的概念和观点。在选择职业方向时，学生们通常不太清楚自己的天赋到底适合哪一方面，很多适合人文学科的人并不知道这个事实。

- **对于年轻的大师型人来说**——如果你是大师型人物，而且倾向于选择自然科学的道路，请当心——并不是所有大师都具有良好的空间推理能力。统计表明，50%的男性大师和75%的女性都属于非空间型人群，这说明多数大师型人都更适合社会和人文科学。

社会和人文科学大师们的职业道路

社会科学研究（抽象导向）

- **NT**：经济学、政治学、社会学、定量心理学、研究方法、比较心理学、公共卫生、社会统计、人口统计学、心理测量。
- **NF**：研究心理学、人格心理学、社会心理学、政治社会学、法学、社会历史、人类文化学、人种学、人种音乐学、语言学、语音学、心理语言学、行为经济学、女性研究。
- **NF，NT**（具备有形和空间推理能力）*：考古学、地理学、人口统计学、物理人类学、精神生物学、灵长类动物学、人类进化学、考古学、古生物学、古人类学、认知心理学、神经人类学、进化心理学、人口遗传学、神经语言学、科学与技术研究、电影研究、城镇研究、经济物理学、神经心理学、生物心理学、发展心理学。

*在综合自然科学和社会科学的领域中同样需要空间分析能力。

社会科学应用（抽象和具体导向的混合体）

- **NF，SF**：非学术性研究（智囊团）、科技新闻业、新闻摄影、咨询服务心理学、公众政策、人口统计学、公众健康、教育心理学、健康心理学、组织心理学、校园心理学、美国联邦调查局分析（行为分析单元）。

- **NT，ST**：非学术性研究（智囊团）、临床心理学、律师、法官、法律心理学、司法会计学、生物统计学、市场调查、战略和防卫智能分析、美国联邦调查局分析（反恐部队）。
- **NF，NT**（具备有形和空间推理能力）：身体心理学、神经学治疗、生物反馈治疗、精神病学、用于治疗神经生物紊乱的艺术和音乐、瑜伽冥想指导、运动心理学、流行病学、犯罪学、法医鉴定、言语病理学、人类基因心理学、工业心理学。

人文学者（抽象导向）

- **NF，NT**：名著、历史、语言学、文学奖金评选、音乐学、哲学、神话、艺术史、艺术评论、创作性写作、戏剧、喜剧、歌剧、宗教。
- **NF，SF，NT**（具备有形和空间推理能力）：建筑历史学家、绘画历史、雕塑历史、创作艺术历史（舞蹈、舞蹈术、魔术、杂耍、电影）。
- **SF，ST**（具备有形和空间推理能力）：军事历史、表演艺术历史（游行艺术、铜管乐队）。

人文科学应用专家（抽象和具体导向的混合体）

- **NF，SF，ST**：音乐教育、音乐表演、音乐谱曲、舞蹈教育、语言教育、艺术教育、电影教育、电影制作、电影导演、剧场表演与指导、编剧、小说创作、非小说的散文写作、舞蹈研究、神职人员、艺术评论、非盈利艺术管理。

应用数学（抽象和具体导向的混合体）

- **NT，ST**：统计学、概率、竞赛理论、密码分析学、测量方法学、社会统计学、投票选举、市场调研、流行病学、操作研究、社会信息学、统计过程控制、科学保险精算、金融计划、计算机金融学、工程金融学、经济金融学、实验金融学、投资管理学、安全贸易、银行投资学。

大师政治家（抽象和具体导向的混合体）

- **NF，NT**：总统、参议员、国会议员、州长、市长、最高法院法官、受理上诉法院法官、政府机构和部门负责人。

概念创新者、顾问和企业家（抽象和具体导向的混合体）

- **NF，NT**：职业咨询、人生规划、动机谈话、戏剧训练、机构发展咨询、管理改革咨询、训练和发展咨询、教育咨询、政治竞选战略、商务战略咨询、社会企业家、记录片电影摄制、市场咨询、经济咨询、法律咨询、陪审团咨询、演讲写作。
- **NT**：投资经纪人、风险投资顾问、宪法法律顾问、政治评论家、政治写作、经济顾问。

自我评估

这一类的描述符合你的情况么？

____ 完全一模一样

____ 大部分符合

____ 一部分符合

____ 根本不是这样

大师型资质分类3：创意和美术类大师

天赋和特质	总体得分
核心个性类型	内向型大师
总体方向	空间和非空间型直觉者*
特定的职业道路	空间和非空间型NF，NT*
空间—非空间能力	视情况而定
抽象—具体导向	视情况而定
诊断能力	中—低
分析能力	中—低
思维速度	中—高
视觉敏锐度	视情况而定
联想记忆	对文学艺术高
图形记忆	对视觉艺术高
动手速度和灵巧度	高，如果必要的话
人际交流智慧	高，如果必要的话
自我交流智慧	高，如果必要的话
音乐能力	对音乐高
语言能力	对文学艺术高
身体/运动	对表演艺术高

你是否具有以艺术形式表达想法与感情的天赋？像其他大师型人一样，创意和美术大师也绝非常人，有时候甚至有点古怪——他们自认为完全不适应于今天的职业世界。艺术领域会吸引那些内向的大师，如 NF/NT/SF，有时候还有 ST，他们具有的那种近似强迫症的特质正是他们成功的秘诀所在。要在艺术领域脱颖而出就需要有强烈的动力，在这种动力的驱动下每天独自投入大量的时间用以掌握自己喜爱的技艺。

如果你有冲动要对这世界表达某种独特的东西，你可能就属于创意大师的类型。艺术就是某种形式的自我表达，大师们用他们的直觉、独特的视野和观点来反映他们眼中的世界，试着推动文化朝着另一个方向发展。他们更依赖于自己的直觉、敏锐的感知力和诸多的想法，而不是解决问题的能力。这类内向大师们的核心特质是敏捷的思维、超强的记忆力，但是诊断能力较低。

空间和非空间型 NF/NT/SF 大师们经常选择的职业道路包括：

- **艺术家**。和商业化的常人型创意和艺术家不同，大师型艺术家们，无论是画家、音乐家、演员还是作家，都只会为了艺术本身而创作。
- **创意评论**。你是不是总想对文化和社会提出点批评，开点玩笑？虽然诊断能力对艺术创作来说并不是必需的，但是在评论他人作品，批评现实世界时，这种能力还是很有用的。杰出的喜剧大师多半都同时具有诊断和创意的特质。
- **技工**。技工是制造具有功能性的产品的艺术家，他们多半是思维相对缓慢的内向空间型 SF/ST 大师。以乐器工匠为例，他们既有音乐家的耳朵，又能用双手制造精巧的乐器。在他们的创作过程中，嗅觉、味觉等感观能力都发挥了重要作用。

注意事项和基本原则

- 作为一个艺术家，你是否对自己的要求太高了？你是否曾经尝试过创作艺术品，却因为追求完美而使自己的进度一再被耽搁？诊断能力较弱对于艺术领域的探索来说反而是件好事，否则很容易产生自我批评的倾向。诊断能力太高的艺术家经常会抱怨说在自己内心深处藏着一个很难满意的批评家。艺术创作要求你抱着宽容的态度，不断操练技艺。容许自己犯错误和循序渐进就是你事业的一部分。那些诊断能力强的艺术家，往往生活痛苦，因为他们很少会对自己的作品满意。

- **现实主义**。你是否想要如实再现你看到、听到、感觉到的一切？例如，视觉艺术中的现实主义流派在描绘风景时要应用到空间能力、感觉和图形记忆力等不同能力。要创造出真实的艺术作品，立体视觉和对细节的敏锐感知力是所需能力的关键部分。此外，还需要稳定的思路，较慢的思维，唯有如此才能专注于各种细节。这类人更看重的是复制，是仿造，而不是创新。

- **解释性艺术**。你是否想要用更随意散漫的方式，用一种个人化的表述再现你看到、听到、感觉到的一切？以毕加索为例，他思维敏捷，直觉很强，他看待世界的方式是隐喻性的，是诗意的。思维敏捷的大师总是对具体的细节缺乏耐心，他们迅速描绘自己所看到的一切，这就是抽象派或印象派的风格。如果你具有很强的想像力，你的艺术作品很可能也是某种象征式的表达。

创意和美术大师的职业道路

美术

- **NF，NT**（有可能具有空间分析能力）：戏剧表演，小说写作，严肃非小说的散文文学写作，诗歌，视觉诗歌，艺术摄影，电影创作，剧本创作，剧作家，绘画，独立电影制作。

- **SF，ST**（空间分析能力强，思维速度较慢）：绘画（山水画，人物象，意识流），雕塑，制陶术，琉璃制作，家具，印刷制作，摄影（山水，自画像，体育，自然，生活，流行）。

音乐

- **NF，NT**（即兴风格）：古典、爵士、蓝调、恐怖艺术、蓝草音乐、乡村、民谣。
- SF，ST（照乐谱表演）：交响乐团表演、歌剧、音乐剧。

表演艺术
- SF，NF（空间分析能力和高度的身体协调性）：表演、舞台舞蹈、编舞、瑜伽、魔术、杂技、体操、马戏。

创意评论
- NT，NF（较强的诊断能力，有些还具有音调记忆力）：喜剧、喜剧创作、社会讽刺、政治评论、政治漫画、漫画脚本、情景剧创作（如辛普森一家）；视觉艺术、音乐、话剧和舞蹈等方面的专业教师；艺术品评论家和画廊经营者。

技工
- SF，ST（空间能力高，思维速度慢，有些还具有音调记忆力）：家具制作、乐器制作、钢琴调音、厨师、陶艺、珠宝、园艺、化妆和戏服设计。
- NF，NT（空间能力高，思维速度快，有些还具有音调记忆力）：电影场景设计、电影音响编辑、摄像、电影特效和动画、剧院舞美。

自我评估

这一类的描述符合你的情况么？

____完全一模一样

____大部分符合

____一部分符合

____根本不是这样

大师型资质分类4：专业领域大师

天赋和特质	总体得分
核心个性类型	内向型大师
总体方向	所有
特定的职业道路	所有
空间—非空间能力	视情况而定
诊断能力	中—低

续表

天赋和特质	总体得分
分析能力	高—中—低
思维速度	中—低
视觉敏锐度	高,如果必要的话
联想记忆	高,如果必要的话
数字记忆	高,如果必要的话
图形记忆	高,如果必要的话
动手速度和灵巧性	高,如果必要的话

你是否对某个特定主题充满了热情,以至于成为了该专业领域的百科全书。如果你属于这类人,那么你注定要用一生的时间来掌握某个方面的专业知识。

专业知识大师通常是内向的,解决问题的能力在低到中之间。他们思维速度不快,但是记忆力很强。他们有能力学习掌握各种知识并且把它们放进自己的脑海中归档存放。无穷尽的好奇心驱使你不断深入了解自己感兴趣的事物和领域。

这类人选择的职业道路主要有以下三种:

- **信息和物品专家**。这类人中有一部分擅长涉及信息和数据的工作,例如图书馆学和艺术史。更多人则对具体的事物更感兴趣,例如宝石学家、钻石切割师、荐酒师(他可以为你的烤鸭选一款合适的美酒)。这类人的工作极大地依赖于他们的记忆力。如果你在博物馆和图书馆里感觉就像在家里一样自在,你可能也属于这类人。

- **工匠和手艺人**。你能熟练制造某些物件么?工匠和手艺人都是"技艺和技巧"方面的专家,他们应用双手和专业知识制造、建筑或修理物件。修鞋、修理家具、修理珠宝、主厨、艺术品修复、宠物美容等工作都要应用专业的技艺来制造或修复物体。电工、水管工、石匠、焊接工和屠夫都要通过年复一年的实践来精通自己的行业。如果你感觉敏锐,注意力能高度集中,这个领域也许很适合你。

- **自然学家**。有些专业知识大师们非常了解自然。护林员、植物学家、生态学者、自然摄影家和地质学家都要应用空间推断能力、分析能力、感知和很强的图形记忆力来确认、研究、了解各种不同的自然元素，如植物、动物、鱼类、河流、树木、岩石等。

注意事项和基本原则

假如专业知识大师的工作涉及信息或物体的分类，比如图书管理员，就需要具备较高的分析能力。

专业知识大师的职业道路

物体专家（有形到空间分析能力）

- **SF，ST**：考古学、珠宝学、昆虫学、葡萄酒商、香水师、荐酒师、调酒师、法学牙科、弹道轨迹学、博物馆学、档案保管、艺术品保护、色彩学、艺术史、古董评鉴、植物园。

信息专家（非空间能力）

- **NF，NT，SF，ST**：图书馆学、医疗档案管理、新闻机构信息管理、档案管理、艺术品评鉴、数据保存、书志编纂、生物信息学、神经信息学、卫生信息学、音乐学、语言学、翻译、历史学。

工匠（空间能力）

- **SF**（具备空间能力）：家具制作与修复、珠宝制作与修复、衣服及鞋类制作和修复、乐器制作、木工、烹饪、艺术品修复、按摩治疗、宠物美容、牙具科技师。

手艺人（空间能力）

- **ST**（空间能力）：木匠、电工、石匠、器具修复、烹饪、理发、皮匠、锁匠、画家、铁皮匠、机械师、修理工、模具制作、焊接工。

自然学家（可见到空间分析能力）

- **NF，NT，SF，ST**：农业学、有机种植、林业、森林管理、园艺、植物学、葡萄栽培、森林防火、搜救。

自我评估

这一类的描述符合你的情况么？

____完全一模一样

____大部分符合

____一部分符合

____根本不是这样

大师型资质分类 5：运动大师和地形导航者

天赋和特质	总体得分
核心个性类型	所有
总体方向	首要是空间知觉者*
特定的职业道路	所有（空间型 ST 和 SF 最为常见）
空间—非空间能力	有形感—空间感
诊断能力	中—低*
分析能力	中—低
思维速度	中—低*
图形记忆	高，如果必要的话
身体/运动	高，如果必要的话

*除非特别说明，星号代表对于这一型的理想得分，可在下面的职业道路中找到更多细节。

你的运动天赋好么？你是否总是动个不停，动作优雅，喜欢整天待在户外？如果你很小的时候就已经成为一个运动健将，你可能已经认识到自己有能力在运动过程中控制自己的身体。这个类别不同于前面所谈的所有类型，它可能是现实生活中最为明显的特质。

平衡性、灵活性、柔韧性、身体控制力、力量、耐力和速度，假如你生来就具有这些能力，那么你应该考虑从事相关的工作。

- **运动员，户外运动者，导航员**。户外运动者、导航员、士兵、执法者、FBI 探员、重型机械操作手、舞者、时装模特都属于这一类。他们乐于在工作中着重使用自己的身体机能。假如你决定加入他们，那么在现实生活中，你需要应用自己的空间推理能力来确定自己的位置，还要应用敏锐的感知力来了解周围的环境（视觉、听觉、嗅觉、触觉）。
- **保护者**。你会不会想象自己在救火、拯救生命或成为一个执法者？如果你有能力解决现实生活中的实际问题，这可能是很值得一试的职业道路。消防员要应用空间推理能力在燃烧的建筑物中找到生路，急救人员则要应用这种能力对车祸受伤者做出诊断和骨骼情况的判断。

注意事项和基本原则

- **没有通才型的运动员**。运动能力是多种多样的。篮球运动员总是又高又瘦，肌肉类型接近短跑选手；而相扑运动员的腿通常比较短，重心低；足球运动员的耐力和力量则比较出众。
- **追求刺激**？你喜欢面对紧急情况吗？在分秒必争的条件下，缺乏信息却要做出决定，这要求公共服务领域的保护者们具备较强的判断力，思维敏捷，视觉敏锐，还要有 ST 的冷静头脑，避免被情绪和个人偏见干扰而做出错误决定。如果你喜欢用身体训练提升自己的力量和毅力，这个领域应该适合你。
- **从来不会在森林中迷路**？空间分析能力强，图形记忆力强，对于整天参与户外活动的人来说非常重要。对于拯救生命来说，这两种能力同样重要，因为借助它们才能在脑海中形成人体结构的解剖图。
- **掌握节奏和音调了吗**？在运动领域有一种能力常常被人所忽视，即音乐才能，包括音调记忆和节奏感。对于篮球运动员来说，音乐才华能使他们打出如同芭蕾一样优雅的配合，时装模特具备了音乐才华才能在 T 台上走出优雅的猫步。
- **团队运动成员**？作为消防队员、警察和急救人员，团队配合非常重要。除了协同工作之外，他们吃住都在同一个屋檐下。
- **外交**？很多时候，警察们发现自己必须介入他人的家庭纠纷，安抚人们激动的情绪，避免他们做出伤害性的行为。在这种时刻，外交手腕和同情心是至关重要的，SF常人天生就能搞定这种情况，让人们安静下来。真正的警察未必是冷峻的铁面长官，反而要经常应用外交手腕。热爱动物同时具有"保护者"特质的人可以考虑选择动物权益保护方面的工作。

运动大师和地形导航者的职业道路

集体运动（常人）
- **ST，SF**：团体项目，如篮球、足球、垒球、橄榄球、排球。

个人运动（大师）
- **ST，SF**：单人运动，如高尔夫、网球、射箭、体操、自行车、击剑、游泳、跳水、射击、乒乓球、举重。

教练
- **ST，SF**：各种项目的教练，高中阶段。
- **NT，NF**：各种项目教练，大学阶段或职业水平。

户外运动
- **ST，SF**：生态旅游、环境地质学、生态环境保护、冒险教育向导、野生动物保护、打猎、捕鱼、种植、森林护理、搜救。

导航者
- **ST**：公车司机、的士司机、卡车司机、（邮件、包裹）商业航班飞行员、战斗机飞行员、直升机飞行员。

保护者
- **SF，ST**：消防员、急救医生、各级执法者、警察、特工。
- **ST，NT**：海军、空军、海岸警卫队、港口护卫、FBI特工、移民和海关官员、边境巡逻、动物搜救。

重型机械操作员
- **ST**：矿山机械操作、制造设备操作、军用坦克操作、集装箱起重机操作、铁路工程。

模特（大师型）
- **ST，SF**：时装模特、比基尼模特、美术模特、手模、表演、舞蹈、哑剧表演。

自我评估

这一类的描述符合你的情况么?

____完全一模一样

____大部分符合

____一部分符合

____根本不是这样

资源和联系方式

在洛克普特学院的网站上www.rockportinstitute.com 上，你可以找到帮助你理解本书的相关资源，包括可下载的记录信息用的笔记模版（用以配合本书使用）。这里还有世界上最为通行的简历写作模版和许多其他读者信心。

你也可以在网站上了解到洛克普特学院可以为你的职业生涯规划所提供的各种服务。我相信所有有志于要找到完美职业的人都应该通过洛克普特或其它机构的同类职业测试项目，以了解自己的天赋和能力。假如你认为本书的内容晦涩难懂，洛克普特学院将帮助你完成相关的项目。

法律声明

本书所有的测试、工作表、图表和特征描述以及所有的洛克普特职业规划方法都属于洛克普特学院，并获得了该学院的授权。假如你想使用或摘取我们的材料用以帮助自己客户或学生，请首先获取洛克普特学院的书面许可。假如你想在课堂上使用本书，请确保每个学生手中都有一本正规出版物而不是复印件。

洛克普特学院是一个注册商标，也是一个服务标记。

图书在版编目（CIP）数据

用最适合的职业成就最好的自己/(美) 洛尔著；徐扬，徐蕾莹译.— 北京：华夏出版社，2014.1

书名原文：Now What？

ISBN 978-7-5080-8234-9

Ⅰ．①用… Ⅱ．①洛… ②徐… ③徐… Ⅲ．①职业选择－通俗读物 Ⅳ．①C913.2-49

中国版本图书馆 CIP 数据核字（2014）第 221546 号

Now What？
Copyright©2008 by Nicholas Lore
Copyright licensed by Loretta Barrett Books,Inc.
Arranged with Andrew Nurberg Associates International Limited
All Rights Reserved

版权所有 翻印必究
北京市版权局著作权合同登记号：图字 01-2009-1907

用最适合的职业成就最好的自己

作　　者	(美) 洛尔	译　　者	徐扬 徐蕾莹
策划编辑	朱悦	责任编辑	马颖

出版发行	华夏出版社
经　　销	新华书店
印　　刷	北京汇林印务有限公司
装　　订	北京汇林印务有限公司
版　　次	2014 年 1 月北京第 1 版 2014 年 1 月北京第 1 次印刷
开　　本	880×1230　1/32 开
字　　数	264 千字
印　　张	17.75
定　　价	39.80 元

华夏出版社　地址：北京市东直门外香河园北里 4 号　邮编：100028
网址：http://www.hxph.com.cn　电话：（010）64663331（转）
若发现本版图书有印装质量问题，请与我社营销中心联系调换。